Mike Bickle
mit
Deborah Hiebert

Wonach wir uns sehnen

Wie Gott die tiefsten Bedürfnisse unseres Herzens stillt

WONACH WIR UNS SEHNEN

Wie Gott die tiefsten Bedürfnisse unseres Herzens stillt

Deutsch von Uta Schmidt

inspiredmedia

Inspired Media Verlag

Die amerikanische Originalausgabe erschien unter dem Titel «The Seven Longings of the Human Heart» bei Forerunner Publishing, Kansas City, Missouri, USA

Deutsch von Uta Schmidt

Umschlag:
Owen A. Brock, Visual Fluency; Stefan Fry, Frystyle

Satz und Druck:
AALEXX Druck GmbH Großburgwedel, Deutschland

ISBN: 978-3-9523000-2-2

Weitere Informationen: www.inspired-media.com

INHALTSVERZEICHNIS

DAS WESEN DER SEHNSUCHT

In jedem menschlichen Herz schlummern tiefe Sehnsüchte und Träume, die nicht ignoriert, geleugnet oder beschwichtigt werden können: sie *müssen* gestillt werden. Besonders früh morgens, wenn wir aufwachen, werden wir von unsäglichem Verlangen und Wünschen getrieben, die nach Antworten verlangen und keinen Aufschub dulden. Diese Sehnsüchte sind von Natur aus in uns hineingelegt. Sie sind uns angeboren. Wir haben Träume, Sehnsüchte und Verlangen, die Gott tief in unserem Innersten verborgen hat, um uns so in seine Gegenwart zu ziehen. Wenn wir den Ursprung dieses brennenden Verlangens in Gott erkennen, dann können wir in richtiger Weise auf diese Sehnsüchte reagieren. Dann finden wir die Erfüllung unserer Sehnsüchte in dem Einen, der sie in uns hineingelegt hat. Sein meisterhafter Erlösungsplan umfasst auch den Bereich unserer Gefühle.

Während meiner 30-jährigen Erfahrung im vollzeitlichen Dienst habe ich sehr aufmerksam menschliche Emotionen und deren Ursprünge beobachtet. Ich habe unzählige Stunden damit verbracht, Menschen zuzuhören und wahrzunehmen, was ihr Herz bewegt. Was mir dabei auffiel ist, dass die Sehnsüchte und inneren Bedürfnisse der Menschen gar nicht so unterschiedlich sind – sie scheinen allgemein weit verbreitet zu sein und sind offensichtlich gang und gäbe. In unserer Gemeinschaft im *International House of Prayer* in Kansas City ziehen Tausende von Menschen an uns vorüber. Manche sind international bekannte Redner in ihren Siebzigern, andere sind achtzehnjährige Praktikanten, fern von Zuhause auf ihrem ersten großen Abenteuer. Manche sind finanziell gut gestellt, andere raufen ihr letztes Hab und Gut zusammen und haben gerade mal genug, um über die Runden zu kommen. Manche kommen mit einem großen

Umzugswagen, andere kommen mit nur einem Rucksack, in den sie alles hineingepackt haben. Ich bin den unterschiedlichsten Leuten aus den unterschiedlichsten Hintergründen innerhalb und außerhalb christlicher Kreise begegnet. Obwohl sie alle verschieden sind, habe ich unter ihnen doch eine auffällige Gemeinsamkeit entdeckt: ihre *Sehnsüchte*.

Es gibt nur wenige Worte in der deutschen Sprache, die die Tiefe von Emotionen so treffend zum Ausdruck bringen wie diese zwei Silben. *Sehn-Sucht* ist kein oberflächlicher Wunsch, der durch eine kleine Gefälligkeit befriedigt werden könnte. Sehnsucht ist auch keine wirkliche Not, die gelindert werden oder von der wir befreit werden müssten. Sehnsucht reicht weitaus tiefer. Sehnsucht ist ein Schmerz des Herzens. Sie ist ein Hohlraum des Geistes, aus dem ein tiefer Schrei nach Erfüllung hervorgeht. Im wahrsten Sinne des Wortes ist Sehnsucht weder ein Verb noch ein Nomen, sondern eine Kombination aus beiden, die den Bogen zwischen tiefer Emotion und echter Not spannt und zum Ausdruck bringt. Sie ist ein nicht greifbares Gefühl, das sich wie Ebbe und Flut verhält, und doch ist sie eine ganz konkrete Realität. Man kann nicht mit ihr argumentieren, sie negieren oder sie vertreiben. Ob nun rechtmäßig oder unrechtmäßig – schlussendlich *wird* jede Sehnsucht im menschlichen Herzen gestillt. Ihre Natur verlangt es so.

In meiner Begegnung mit Menschen und im Studieren der Heiligen Schrift habe ich sieben Sehnsüchte entdeckt, die sich in jedem Herzen wiederfinden. Diese Sehnsüchte sind universal und sie geben uns Aufschluss darüber, wie Gott uns geschaffen hat. Wir haben in unserem Geist fest eingebaute Sehnsüchte, die Teil von Gottes Schöpfungsplan sind. Sie offenbaren den erfinderischen Geist unseres Schöpfers, der sie deshalb in uns hineingelegt hat, um Sein Wesen in uns widerzuspiegeln und uns zurück zu Ihm führen. Er hat uns so angelegt, dass wir letztendlich in Ihm und Ihm allein unsere Erfüllung finden. Dieser Plan ist der Inbegriff von intelligenter Schöpfung. Gottes brillanter und genauer Entwurf unseres Menschseins ist ein Beweis dafür, dass Er ein eifernder Gott ist, der nicht will, dass wir in anderen Dingen Erfüllung suchen und uns damit niederen Freuden hingeben würden. Wir wurden für Ihn *geschaffen*.

Die sieben Sehnsüchte, die ich entdeckt habe, sind die folgenden: Die Sehnsucht, von Gott gewollt und begehrt zu sein, die Sehnsucht nach Faszination, die Sehnsucht schön zu sein, die Sehnsucht, jemand Besonderes zu sein, die Sehnsucht nach Nähe ohne Scham, die Sehnsucht, ganzherzig und hingegeben zu sein, und die Sehnsucht, einen tiefen und bleibenden Eindruck zu hinterlassen. Wenn wir diese Sehnsüchte verstehen, dann verstehen wir auch besser unsere Schwierigkeiten, Kämpfe und den Sinn unseres Lebens. Der Feind versucht, diese Sehnsüchte zu pervertieren und uns durch finstere Mächte zu verführen, aber dennoch sind es Sehnsüchte, die Gott ganz bewusst in uns eingebettet hat, um uns in Seine Nähe zu ziehen. Und nicht nur das – diese Sehnsüchte sind Teil der Persönlichkeit Gottes, denn wir wurden nach Seinem Bilde geschaffen. Sie spiegeln wider, was in Seinem Herzen lebt. So wie jeder Hunger, ist auch unsere Sehnsucht zum Teil von Schmerz, zum Teil von Freude und auch zum Teil von Pein geprägt. Wenn unsere Sehnsüchte nicht in Gott Erfüllung finden, bleiben wir leer, voller Schmerz, Trauer und Unzufriedenheit. Gott hat ein Vakuum in uns angelegt, das so lange leer bleibt, bis wir Gott erlauben, es zu füllen und unsere tiefsten Sehnsüchte zu stillen. Dieser nagende Hunger wird nur durch Gottes Berührung gesättigt; er wird jedoch nie vollends in diesem Zeitalter gestillt. Die kleinste Kostprobe dieser Fülle ist jedoch bereits der Inbegriff echten Lebens. Die kleinste Offenbarung dieser himmlischen Freude auf Erden ist bereits Leben im Überfluss.

Der Gedanke von bewusst hervorgerufenem Verlangen ist uns nicht völlig fremd. Wenn ein Vater sein Kind zum ersten Mal mit dem Schwimmen vertraut macht, dann hält er es sanft in seinen Armen. Während das Kind voll Freude und Übermut im Wasser planscht, lässt der Vater es plötzlich für einen kurzen Moment los. Er lässt es nicht aus den Augen, aber er lässt es für einen Augenblick untertauchen, um ihm zu zeigen, dass das Wasser kein Laufstall mit festem Untergrund ist. Egal wie sicher der Kleine auf seinen Beinen auf trockenem Boden stand, jetzt muss er sich gut an seinem Vater festhalten. Aus der Sicht des Kindes mag das zuerst etwas angsterregend sein, aber es dauert nicht lange, bis das Kind die Antwort auf sein Verlangen nach

Stabilität gefunden hat – nämlich in den Armen seines Vaters. In seiner Weisheit macht der Vater dem Kind auf sanfte Weise klar, dass es etwas nötig hat – und gleichzeitig bietet er sich als die offensichtliche Lösung für dieses Problem an. Das Kind findet die Antwort auf sein Suchen und seine Sehnsucht nach Sicherheit, sobald es ganz nah bei seinem Vater ist und sich an ihm festhalten kann. Das Ergebnis ist, dass sich das Kind jetzt enger an seinen Vater klammert, als wenn es nicht dazu gezwungen gewesen wäre, nach Sicherheit zu verlangen.

Gott ist kein willkürlicher Leiter oder planloser Erfinder. Hinter allem, was Er tut, steckt eine ganz konkrete Absicht. In Seiner Souveränität hat Er diese sieben Sehnsüchte in uns hineingelegt, um uns dabei zu helfen, in den unterschiedlichsten Bereichen unseres Lebens als Braut Christi zu wandeln. Er hat diese Sehnsüchte nicht in uns eingebettet, um uns etwas vorzuenthalten, sondern um sie selbst zu stillen! Ich nenne dies oft die «höchsten Freuden des Evangeliums». Gott umwirbt unsere Herzen mit Seinem Wort auf solche Weise, dass wir all das loslassen, was Seinem Königreich unterlegen ist – all die sekundären Freuden, an die wir uns klammern – und bringt uns dazu, die höchsten Freuden Gottes zu ergreifen: das, was authentisch ist und den Hunger wirklich stillt.

Der Erfolg unseres Lebens ist davon bestimmt, wie wir mit diesen Sehnsüchten umgehen. Viele Menschen verschwenden den Großteil ihrer Zeit damit, diese Sehnsüchte zu unterdrücken oder sie auf ungesunde, gottlose und sogar destruktive Weise zu erfüllen. Wie viel Zeit und Energie können wir uns ersparen, wenn wir anerkennen, dass diese Sehnsüchte unabwendbare, von Gott gegebene innere Bedürfnisse sind! Dann würden wir unsere Herzen vor Ihn bringen und Ihm erlauben diese Leere auf Seine Weise zu füllen. Wir können nicht Buße dafür tun, dass wir diese Sehnsüchte haben, sondern nur dafür, dass wir sie auf falsche Weise zu stillen versuchen. Wir können uns nicht davon «bekehren», wie Gott uns geschaffen hat, genauso wenig wie wir uns von unserer genetischen DNA bekehren können. Niemand hat jemals Gott um Vergebung gebeten, weil er braune Augen oder eine große oder kleine Körperstatur hat. Wir mögen diese Charakteristika als angenehm oder unangenehm empfinden, aber niemand von uns sieht sie als falsch an. Sie sind Teil unseres Wesens. Genauso verhält es sich auch mit den Sehnsüchten unseres Herzens. Wenn wir lernen, sie auf gesunde Weise anzunehmen und Gott erlauben, sie zu stillen, dann beginnen wir die höchsten Freuden des Evangeliums zu berühren und in das wunderbare Leben einzutreten, für das wir geschaffen wurden.

ZUR FREUDE BEREITET

Obwohl die Puritaner einen großen Beitrag zum geistlichen Klima Amerikas geleistet haben, ist ihre weit verbreitete Tendenz, jegliche Freude als Sünde anzusehen, eher ein unerfreuliches Erbe. Diese Einstellung hat sich über viele Generationen hin gehalten. Wenn etwas angenehm oder erfreulich war, so war es gleich suspekt oder wurde mit Verachtung beäugt. Wie konnte etwas von Gott sein und gleichzeitig einen Reiz haben? Einer unserer Mita rbeiter erinnert sich an seinen Bibelschullehrer, der ihm berichtete, wie er in dem Glauben erzogen wurde, dass jegliche Freude und jeglicher Genuss sündhaft seien. Während seiner Kindheit durfte er nie bei einem Spiel mitspielen, in dem ein Ball benutzt wurde. «Mein Vater erlaubte uns nie Basketball oder Fußball zu spielen», erklärte der Dozent. «Wir fragten ihn dann immer, woher er wisse, dass diese Dinge Sünde seien, und seine Antwort war: ‹Wenn es rund ist, dann ist es böse!›»

Natürlich denken wir alle, dass wir diese Einstellung hinter uns gelassen haben, und tatsächlich hat sich der größte Teil des Leibes Christi davon gelöst. Dennoch haben wir den Kern des Glaubens beibehalten, dass die Dinge, die uns erfreuen und die wir genießen – ganz besonders auf emotionaler Ebene – irgendwie falsch seien und abgelehnt werden müssen. Das Resultat ist eine Kirche voller Leute, die echte, von Gott gegebene Sehnsüchte haben und die sich gegenseitig belehren, warum diese falsch sind und abgelegt werden müssen. Währenddessen ruft Gott uns jedoch zu, «Aber ich habe dich doch so geschaffen!»

Wir können uns nicht von diesen Sehnsüchten bekehren, wir können sie nur im Rahmen des Evangeliums stillen. Wir können in der vor uns liegenden Zeit den zunehmenden Angriffen durch finstere Mächte und Verführungen nur standfest und siegreich entgegengehen, wenn diese Sehnsüchte in Gott gestillt werden. Wir sind der Versuchung ausgesetzt, diese Sehnsüchte auf fleischliche Art und Weise zu stillen. Und Satan ist natürlich mehr als bereit, uns in diesem Unterfangen behilflich zu sein. Wenn wir unserer sündhaften Natur nachgeben, geben wir uns zu oft der Versuchung hin, diese Sehnsüchte auf falsche Weise zu befriedigen. Wenn wir sie jedoch auf rechte Weise stillen, dann werden unsere Herzen dazu befähigt, Stolz, Gier, Pornografie, Okkultismus, Bitterkeit, Wut, Hass und dergleichen zu widerstehen. Nur so können wir siegreich sein. Wir wurden nicht dazu bestimmt, kraftlos und ohne Hoffnung zu leben.

Weil Satan ein Meister der Fälschungen ist, bietet er zu jeder Sehnsucht eine scheinbar passende Erfüllung an. Die junge Frau, die sich danach sehnt, geliebt zu werden, gibt sich einem jungen Mann hin, der die gleichen Probleme hat. Beide finden vorübergehende Befriedigung ihrer ewigen Sehnsüchte, aber wenn der Glanz abbröckelt, dann erleben sie nur noch eine gemeinsame Einsamkeit. So manche Ehe hat auf diese Weise angefangen und sich später in Nichts aufgelöst, als die rein körperliche Anziehungskraft dem Druck von Schulden, Kindern und dem Mangel an gemeinsamen Interessen nicht mehr standhalten konnte. Ein anderes Beispiel ist der viel beschäftigte Unternehmer, der Größe mit weltlicher Anerkennung verwechselt. Zwanzig Jahre später befindet er sich auf dem Höhepunkt seiner Karriere. Häuser, Autos und Weltreisen – alles kann er sich leisten. Doch in einem Moment schmerzlicher Ehrlichkeit gesteht er sich ein, dass all das seine innere Leere nicht ausfüllen kann.

Unsere Zeitungen und unser soziales Umfeld sind voll von solchen Beispielen. Seit Kain Abel ermordete, haben die Menschen eine falsche Vorstellung davon, wie sie eine Antwort auf ihre Sehnsucht nach Bedeutung finden können. Am Ende finden sie sich mit enttäuschtem und leerem Herzen wieder, und sie verabscheuen genau die Sehnsüchte, die sie an diesen Punkt gebracht haben. Was muss Gott wohl denken und empfinden, wenn Er sieht, wie die Menschen diese Sehnsüchte mit anderen Dingen füllen. Er sehnt sich so sehr danach, dass wir unsere Herzen richtig ausrichten und Ihm erlauben, unseren Hunger zu stillen, damit wir die größte Wonne unseres Lebens erleben können – die Freuden Gottes, die über alle Maßen hinaus befriedigen.

EWIGE SEHNSUCHT

Unsere Sehnsüchte sind nicht nur allgemeingültig, sondern auch ewig. Sie sind nicht nur auf unsere Beziehung zu Gott in diesem Zeitalter begrenzt. Gott hat nicht etwa vor, diese Sehnsüchte nach dem irdischen Leben abzuschaffen. Vielmehr wird die Erfüllung der Sehnsüchte im zukünftigen Zeitalter noch weitaus größer sein. In unserem irdischen Leben wird es immer wieder Momente geben, in denen wir große Dinge mit Gott erleben. Diese Erfüllungen sind Gottes wunderbare Gabe, die unser Herz aufrecht erhält. Große Teile unseres Lebens können uns ohne die Erfahrung von Gottes spürbarer Nähe leer erscheinen, doch schon die kleinste Berührung Seines Geistes bringt große Erfüllung in unseren Herzen.

Diese Erfahrungen sind gottgegeben und haben eine große Wirkung auf uns, aber sie sind doch immer wieder zeitlich begrenzt und wir bedürfen ihrer immer wieder aufs Neue. Regelmäßige Berührungen Gottes stärken uns, um weiter auf dem Weg des Glaubens zu bleiben und Ihm nachzujagen. Und gleichzeitig bewirkt die Erinnerung an diese Erfahrungen in uns, dass wir immer wieder nach neuen Begegnungen mit Ihm streben. Dies alles entspricht genau dem Plan Gottes für uns. Er berührt die schwachen und verletzlichen Bereiche unseres Herzens, und diese spürbare göttliche Gegenwart begleitet uns für eine Zeit. Wir sehnen uns, Seine Gegenwart berührt uns, und dann ist unser Verlangen nach Ihm größer als je zuvor. Der Schöpfer legt Sehnsüchte in uns hinein, die nur Er stillen kann. Er begegnet dann diesen Sehnsüchten vorübergehend und stärkt unsere Herzen, damit wir Ihm wieder aufs Neue nachjagen. Und gleichzeitig hinterlässt Er genug Schmerz, damit die Sehnsucht uns weiter zu Ihm zieht und wir unsere Reise zu Seinem Herzen fortsetzen. Das Wesen des Umwerbens verlangt eine Ebbe und eine Flut, das Verlangen und die darauf folgende Befriedigung. In Milliarden von Jahren werden wir immer noch nach diesen Dingen verlangen. Sie werden eine Schlüsselrolle dabei spielen, wie uns Gott bis in alle Ewigkeit hinein faszinieren wird. Diese Sehnsüchte sind untrennbar mit dem Wesen Gottes verbunden, und kein Provisorium und keine Scheinfreude dieser Welt kann mit der endgültigen Erfüllung in Gott standhalten. Jede Sehnsucht dient dazu, das Wesen Gottes besser verstehen und tiefer kennen lernen zu können. Die Erfüllung und die Freude, die wir erleben, wenn wir Gott erlauben, unsere Sehnsüchte zu stillen, ist ewiger Natur – sie bleiben für immer bestehen.

DAS BRAUT-PARADIGMA

Eine der grundlegenden und erstaunlichsten Wahrheiten über Gott und Sein Volk ist, dass Jesus selbst der ewige Bräutigam ist und dass wir von Gott dazu auserwählt sind, als Braut Christi Sein ewiger Partner zu sein. Wenn wir das verstehen, dann beginnen wir auch, den Sinn unseres Daseins zu verstehen. Vor Grundlegung der Welt wollte der Vater eine Braut für Seinen Sohn bereiten. Die ganze Menschheitsgeschichte – vom Sündenfall über das Kreuz Christi und jeder einzelnen begangenen Sünde und deren Vergebung – steuert auf den größten Höhepunkt aller Zeiten zu, dem Hochzeitsmahl des Lammes (Offenbarung 19,7-8).

Jesu Tod am Kreuz hatte einen zweifachen Sinn. Sein Tod machte den Weg frei für die Erlösung der Menschheit. Gleichzeitig ermöglichte das Opfer dem Sohn, eine würdige Braut zu gewinnen – ein Gegenüber, das Ihm in allem gleich ist. Wir sind mit der Botschaft vom Kreuz und der Erlösung von unseren Sünden vertraut, aber wir erkennen nicht immer die Fülle, zu der wir erlöst wurden. Warum hat Gott eine so große Kluft überwunden und eine so heikle Mission gewagt? Er tat dies alles, um die Menschheit, die durch Seine Gnade Erlösung findet, in die Arme eines Bräutigam-Königs zu führen. Wir werden unsere Sehnsüchte nicht verstehen – unsägliches Verlangen, das Tag und Nacht aufschreit und sich nicht beschwichtigen lässt – bis die Wahrheit zu uns durchdringt, dass Gott ein leidenschaftlicher Bräutigam ist und dass wir Ihm aus der Position einer geliebten Braut heraus begegnen. Ich bezeichne diese Sichtweise auf das Leben, diese Interpretation dessen, wer wir in Gottes Augen sind und wer Er für uns ist, oft als «Braut-Paradigma». Es ist ein Paradigma oder eine Perspektive, die sich auf einen Gott bezieht, der mit leidenschaftlichem Verlangen nach uns erfüllt ist und der sich selbst inmitten unserer Schwachheit an uns erfreut!

Ein Paradigma ist ein Modell oder Beispiel für ein bestimmtes Gedankenmuster. Wir sind uns nicht immer bewusst, aufgrund welcher Paradigmen wir das Leben sehen und interpretieren, aber sie beeinflussen all unsere Erfahrungen. Was wir denken, wie wir reden, wie wir die Vergangenheit verstehen und wie wir die Zukunft sehen, das alles wird von unseren Paradigmen bestimmt und beeinflusst. Ein Tourist, der das Kapitol in Washington DC von außen bewundert, sieht das Gebäude mit einem ganz anderen Paradigma als ein Senator, der dort täglich ein- und ausgeht. Beide haben das Recht, sich dort aufzuhalten, aber der eine schreitet viel selbstbewusster durch die Gänge als der andere. Der Senator versteht, dass seine Anwesenheit dort erwartet wird. In den Konferenzräumen und der Senatskammer wird ihm großer Respekt entgegengebracht. Außerdem weiß er auch, wer die Führungskräfte im Senat sind und wie er sich ihnen gegenüber zu verhalten hat. Der Senator agiert aus einem Autoritätsparadigma heraus. Der Tourist, der gerade aus dem Zug gestiegen ist und die Sicherheitsvorkehrungen und das Protokoll des Senats nicht kennt, geht etwas unsicher in dem Gebäude umher. Er ist im Kapitol willkommen, aber die Angelegenheiten des Landes hängen nicht von seinem Beitrag ab. Interessanterweise fallen dem Touristen Details auf, die der Senator schon lange nicht mehr beachtet, wie etwa die handgeschnitzten Verzierungen der Decke oder die weiten gefließten Fußböden. Er agiert aus einem Besucherparadigma heraus. Der Tourist und der Senator schreiten durch dieselben Gänge, sehen dieselben Dinge, kommen denselben Leuten entgegen, aber beide erleben dies auf völlig unterschiedliche Weise, weil sie jeweils ein ganz anderes Paradigma haben.

Das Braut-Paradigma beschreibt das Königreich Gottes aus einer bestimmten Perspektive. Der Begriff selbst findet man nicht in der Heiligen Schrift, aber die Bezeichnung ist hilfreich, um den Kern dessen zu umschreiben, was für unser geistliches Leben und unsere Nachfolge so wichtig ist. Dieses Paradigma führt alle

Fäden der biblischen Thematik zusammen, die sich auf die Herrlichkeit Jesu als himmlischen Bräutigam und den Glanz Seiner erlösten Braut, der Gemeinde Christi, beziehen. Das Braut-Paradigma verändert die Art und Weise, wie wir einen Großteil der Heiligen Schrift verstehen und in uns aufnehmen, weil es Licht auf eine der grundlegenden Wahrheiten in der Bibel wirft. Es befähigt uns dazu, uns an der ganzen Heiligen Schrift zu erfreuen. In Anbetracht dessen, dass die Bibel innerhalb einer Zeitspanne von über tausend Jahren niedergeschrieben wurde, (und das durch vierzig verschiedene Autoren, die sich in den meisten Fällen gar nicht kannten oder voneinander wussten) ist die Einheit von Thematik und Aussage der verschiedenen Schriften wirklich erstaunlich. Aus der Fülle des Wortes Gottes beleuchtet der Heilige Geist dann häufig einen bestimmten Schwerpunkt, auf den Er unsere Aufmerksamkeit für eine gewisse Zeit lenkt. Ein solcher Schwerpunkt wirkt dann wie eine kleine Stromschnelle in dem großen Fluss des Evangeliums Christi.

Das Braut-Paradigma vom Königreich Gottes ist ein solcher Schwerpunkt, der eine enorme Wirkung auf unsere Herzen hat (obwohl natürlich die gesamte Heilige Schrift wichtig und notwendig ist!). Ich habe es als hilfreich empfunden, diesem Schwerpunkt eine Bezeichnung zu geben, um auf diese Weise die Kraft der einzelnen Bestandteile dieses Paradigmas deutlicher aufzuzeigen. Die wirkliche Stärke befindet sich in der einzigartigen Verbindung der Wahrheiten, die in dem gesamten Bild enthalten sind. Je mehr man in dieses Thema eintaucht und das Wort Gottes studiert, desto mehr entdeckt man, dass sich das Braut-Paradigma durch die gesamte Heilige Schrift hindurch zieht.

Wenn man die Schrift studiert, findet man viele verschiedene Bilder, mit denen das Königreich Gottes beschrieben wird. Zum Beispiel wird das Reich Gottes mit der Fischindustrie verglichen, denn uns wird gesagt, dass wir Menschen fischen werden. Diejenigen, die Evangelisten sind, leben in dem Fischer-Paradigma. Überall sehen sie Menschen, die Jesus brauchen und «werfen die Netze aus». Die Metaphern vom Säen, vom Ernten, vom Beschneiden und Pflanzen zeigen die Ähnlichkeit des Königreichs Gottes mit Realitäten aus der Landwirtschaft. Westlich von Kansas City erstrecken sich weite Ebenen von Norden nach Süden, die über Tausende von Kilometern reichen. Für die Familien, die diese Flächen bewirtschaften, ist das Landwirtschafts-Paradigma sehr real. Sie verstehen das Wesen und den Prozess vom Säen und Ernten sehr gut. Oft wird das Königreich Gottes auch mit einem Kriegs-Paradigma belegt, das sich auf jene Schriftstellen bezieht, in denen von Kampf, Streit, Opfern und Herrschaft die Rede ist. Ein Soldat kann anhand von unzähligen praktischen Beispielen sofort erklären, wie es sich mit Autorität im Königreich Gottes verhält.

All diese Paradigmen entsprechen der Wahrheit und sind es wert, näher betrachtet und studiert zu werden. Allerdings glaube ich, dass Gott gerade jetzt, während wir uns der Wiederkunft Christi rasant nähern, mit großer Dringlichkeit Seinen Schwerpunkt auf das Braut-Paradigma legt. Ich bezeichne die Generation, zu deren Lebzeiten Jesus wiederkommt, oft als «Bräutigams-Generation», denn in dieser Generation werden viele Gläubige das Reich Gottes in diesem Licht sehen und verstehen. Diese Sichtweise von Gott und von uns selbst wird unsere Herzen mit heiliger Leidenschaft füllen, und uns befähigen, die größten Nöte, die der gesamten Menschheit noch bevorstehen, auszuhalten. Diese Leidenschaft wird uns vorbereiten, damit wir dem Druck in reiner Liebe und strahlender Gerechtigkeit bis zur Wiederkunft Jesu standhalten können.

In Seiner letzten Rede vor Seiner Kreuzigung erklärte Jesus: «Mit dem Himmelreich ist es wie mit dem König, der die Hochzeit seines Sohnes vorbereitete.» (Matthäus 22,2). Mit dem Wissen, das wir jetzt haben, können wir uns nur zu gut das Funkeln in Jesu Augen vorstellen – im Verstehen, dass Sein Vater der «gewisse König» war, der die Hochzeit seines Sohnes vorbereitete. Die Heilige Schrift macht uns deutlich, dass Gott in Seinem Herzen einen Plan verborgen hat, der in dem Hochzeitsmahl des Lammes am Ende der natürlichen Zeitgeschichte gipfeln wird (Offenbarung 19,7-8). Durch die unbeschreibliche Gnade Gottes wird die menschliche Braut, die von Sünde befreit und rein gewaschen ist, gekrönt, umarmt und durch Jesus selbst geschmückt werden, und sie wird mit Ihm regieren (Offenbarung 3,21). Das ist der Sinn unseres Lebens und der Zweck, für den wir geschaffen wurden. Vom ersten Buch Mose an macht die Bibel das deutlich. Aus dem brennenden Herzen Jesu fließt ein Strom des Verlangens nach Seinem Volk, und wenn die Zeit vollendet ist, wird sein Verlangen gestillt werden – und das ist *unsere* Geschichte!

Ich bin fest davon überzeugt, dass das Braut-Paradigma vom Königreich Gottes, das uns Jesus in Seiner letzten Botschaft auf Erden gegeben hat, die stärkste Kraft ist, um das menschliche Herz zu verändern. Es ist das letzte Paradigma, das Jesus während Seines Ersten Kommen betont hat, und es wird das Letzte sein, das der Heilige Geist in der weltweiten Gemeinde vor dem zweiten Kommen Jesu betonen wird. Ich bin mir dessen bewusst, dass dies eine kühne Behauptung ist, aber sie ist auf dem Wort Gottes gegründet.

«Und der Geist und die Braut sprechen: ‹Komm!›»
Offenbarung 22,17

Diese Schriftstelle hält den Ruf fest, der vom Heiligen Geist und der Braut ausgehen wird. Sie werden ihre Stimmen in einem schmetternden Schrei zu Jesus hin vereinen. Der Messias wird wiederkehren, um auf der Erde als Gottes König zu regieren – völlig Gott und völlig Mensch. Aber was kündigt Sein Kommen an? Das gemeinsame Rufen des Geistes und der Braut nach Seiner Wiederkehr. Auch wenn dem noch bisher unbekannte geistliche Angriffe und Kriegsgefechte vorausgehen, so ist in der Heiligen Schrift doch nicht die Rede vom «Geist und der Armee». Auch wenn wir eine geistliche Familie sind, so heißt es in der Heiligen Schrift nicht «der Geist und die Familie» rufen nach Jesu Wiederkunft. Er kommt am Ende dieses Zeitalters als Antwort auf den vom Geist geleiteten Ruf der Gemeinde – und das in ihrer primären Identität als Braut Christi.

Menschen sind Gott aus unterschiedlichen Beweggründen gehorsam. Viele sind von Angst vor Gericht getrieben. Wie geprügelte Hunde warten sie zusammengekauert in der Ecke auf den nächsten Schlag von der Hand des Meisters. In ihrer Sichtweise ist Gott die meiste Zeit wütend, und wenn sie sich einen Fehltritt leisten, entbrennt der Zorn Gottes vom Himmel gegen sie. Ironischerweise sind diese Menschen oft ehrenamtliche Mitarbeiter in den örtlichen Gemeinden. Sie dienen vielleicht sogar auf einem Gebiet, zu dem sie gar nicht berufen sind, aber sie füllen eine Lücke aus, weil sie Angst haben, dass Gott sie bestraft, wenn sie nicht hilfsbereit sind und einspringen. Elend und Kummer scheinen dann fälschlicherweise ein Teil ihrer Identität in Christus zu sein. Diese Menschen treffen oft die richtigen Entscheidungen im Hinblick auf Heiligkeit, aber sie bleiben leer und manchmal sogar wütend in ihrer Entscheidung. Ungläubige sehen sie und denken: «Sie kriegen ja wirklich das Schlimmste von beiden Welten ab!» Andere Christen treibt ein Streben nach Überlegenheit zum Gehorsam. Ihr Gehorsam zeigt ja, dass sie die Stimme Gottes gehört haben und ihr gefolgt sind. Für sie ist es wichtig, dass sie in der Gemeinde als radikal gehorsam angesehen werden, weil sie sich dann besser als die Anderen fühlen. Genau wie diejenigen, die von Angst motiviert sind, treffen auch diese Leute oft die «richtigen» Entscheidungen. Leider bekommen sie aber ihren Lohn hauptsächlich durch die Anerkennung von Menschen in diesem Zeitalter (Matthäus 6,11-18). Am Ende ihrer Tage haben sie zwar ein langes, gehorsames Leben geführt, das aber hauptsächlich von Menschenfurcht bestimmt war.

Gehorsam, der auf einer leidenschaftlichen Liebe gründet, ist etwas ganz anderes. Leidenschaft und Zuneigung sind Eigenschaften, die ganz spezifisch nur den Menschen vorbehalten ist. Nichts in der Bibel weist zum Beispiel darauf hin, dass Engel Leidenschaft besitzen. Sie haben Freude und andere Emotionen, aber das ist nicht das Gleiche wie leidenschaftliche Zuneigung. Nur wir menschlichen Wesen haben das Vorrecht bekommen, brennendes Verlangen und leidenschaftliche Liebe zu besitzen. Gott hat uns dieses wunderbare Privileg gegeben, damit wir Ihm freiwillig unsere Zuneigung schenken und Ihn mit ganzem Herzen, ganzer Seele, ganzem Verstand und ganzer Kraft lieben können. Ein Mensch, dessen Gehorsam von leidenschaftlicher Liebe geprägt ist, weiß, dass er ebenso von Gott geliebt ist, und deshalb schenkt er Ihm diese Liebe zurück. Diese Art des Gehorsams ist die einzig angemessene Reaktion auf das, was Gott von uns will. Um der Liebe willen geben diese Menschen alles auf und finden kein Opfer zu groß. Das ist, was Gott für uns alle vor Augen hat. Wenn wir uns selbst als leidenschaftlich und innig geliebt sehen und daraus zu freiwilligen Liebhabern werden, anstatt ängstliche und manipulierte Arbeiter, dann wird etwas Gewaltiges in uns geweckt. Unsere wahre Identität erwacht. Und das ist das Braut-Paradigma. Gott gebraucht diese Sichtweise des Braut-Paradigmas, um uns zu einem Gehorsam und einer Heiligkeit zu führen, die auf leidenschaftlicher Liebe und sehnlichem Verlangen gründet.

Vor der Wiederkunft Christi wird die Gemeinde von einer ungestümen, resoluten Spiritualität gekennzeichnet sein, die in leidenschaftlicher Liebe zu Gott wurzelt. Leidenschaft für Jesus, die sich in uneingeschränktem Gehorsam ausdrückt, wird die Norm unter den Gläubigen in der ganzen Welt sein. Zwei grosse Trends werden sich in der Gemeinde zur gleichen Zeit begegnen. Der eine Trend, ein großes Abfallen von der Gemeinde, wird dem anderen, der großen Seelenernte und dem Reifwerden der Gemeinde entgegentreten (2. Thessalonicher 2,3; Offenbarung 7,9-14). Paulus beschreibt hier eine weltweite Gemeinde, die ohne charakterliche Flecken und Makel sein wird (Epheser 5,26-32). Dieser Charakter wird sowohl das Ergebnis des Wirkens des Heiligen Geistes sein, als auch als eine Begleiterscheinung der unbeschreiblichen Umstände, die als große Trübsal bezeichnet werden (Matthäus 24,21). Das Braut-Paradigma rüstet uns am effektivsten für diese Zeit zu. Diese leidenschaftliche Sichtweise von Gott wird uns dazu befähigen, ohne Angst am Gehorsam festzuhalten.

IM BRAUT-PARADIGMA LEBEN

Manche fragen sich vielleicht: «Warum brauchen wir denn das Braut-Paradigma? Ich bin bisher gut in diesem Leben zurecht gekommen, auch ohne Gott auf diese Weise zu betrachten. Warum ist es so wichtig, jetzt damit zu kommen?» Es gibt viele Antworten auf diese Fragen, aber ich werde mich auf ein paar wenige begrenzen. Das Braut-Paradigma bietet einen Rahmen, in dem wir ein dynamisches Leben in Christus führen können, weil wir erkennen, dass Er mehr für uns ist als nur der Heiland, der unsere Wunden heilt, oder der Retter, der uns von unseren Sünden befreit. Ja, Er ist unser Heiler und Retter, aber Er ist auch ein leidenschaftlicher Liebhaber, ein Gott, der mit brennendem Verlangen nach uns erfüllt ist. Wir beten anders zu Gott, wenn wir wissen, dass Er in erster Linie Sehnsucht nach uns hat und dass es Sein leidenschaftliches Verlangen ist, unsere Aufmerksamkeit zu gewinnen. Wenn wir das erkennen, dann wächst unsere Liebe zu Ihm umso mehr. Seit Maria und Martha (Lukas 10,38-42) ist uns bewusst geworden, dass das Königreich Gottes sowohl von Arbeitern als auch von Liebhabern bevölkert ist. Irgendwo fallen wir alle in dieses Spektrum, und wenn wir ehrlich zu uns sind, dann müssen wir zugeben, dass wir uns innerhalb dieser Spanne von Zeit zu Zeit immer wieder hin und her bewegen. Aber über die Jahre hin habe ich eines bemerkt: Liebhaber sind eifriger und effektiver als Arbeiter, weil sie von der Liebe beflügelt sind.

Vor dreiunddreißig Jahren stieß mein Bruder mitten im Rampenlicht eines High School Footballspiels auf schreckliche Weise mit einem anderen Spieler zusammen, und brach sich dabei das Genick. Natürlich wurde er sofort ins Krankenhaus gebracht, aber der Schaden war irreparabel – er war von Kopf bis Fuß gelähmt[1]. Während all den Jahren bin ich immer wieder mit ihm über längere Zeit in Krankenhäusern gewesen. In den ersten Jahren verbrachten wir viele Monate in verschiedenen Rehabilitationszentren. Einmal haben wir beobachtet, wie eine Krankenschwester sich in einen Patienten verliebte. So etwas geschieht nicht oft, aber hin und wieder schon, und dann verändert sich die Beziehung zum Patienten von der Rolle eines Angestellten bzw. Arbeiters hin zu einem Liebhaber. Es war interessant zu sehen, dass die Krankenschwester ihre Routine hinter sich ließ und den Geliebten aus Liebe mit allem versorgte, was er brauchte. Und sie brauchte keine Checkliste, um sich an alles zu erinnern, was der Geliebte brauchte. Die Ausdauer und Energie, die diese Krankenschwester für den Patienten, in den sie sich verliebt hatte, an den Tag legte, war verblüffend. Aus Liebe bemühte sie sich viel mehr als zuvor, als sie nur ihre Arbeit erledigt hatte. Ich will damit verdeutlichen, dass Liebe ein viel stärkerer Motivationsfaktor ist als Pflicht. Liebe verändert die Art und Weise, wie wir auf die Wünsche und Bedürfnisse eines anderen eingehen. Wenn

1 Pat Bickle starb am 5. Mai 2007.

wir leidenschaftliche Liebhaber Gottes sind, wird es unser Leben für Ihn völlig verändern. Ohne das Braut-Paradigma, durch das wir Jesus als Bräutigam und uns als Seine Braut erkennen, können wir Ihn als den, der uns in alle Ewigkeit liebt, kaum verstehen.

Die Generation der Wiederkunft des Herrn wird durch ein großes Ausmaß von emotionaler Zerbrochenheit gekennzeichnet sein, so wie es die Menschheitsgeschichte bisher noch nicht gekannt hat. Die Perversionen und Verwundungen von menschlichen Herzen werden noch bisher ungekannte Proportionen annehmen. Abartigkeiten, okkulte Aktivitäten, göttliche Gerichte und weit verbreitetes Märtyrertum werden so stark sein wie nie zuvor. Durch die sich rapid fortschreitende Technologie werden sich Pornoindustrie und Okkultismus schnell weiter ausbreiten können. Jesus beschrieb diese letzte Generation als bitter, anstößig, betrügerisch und voller Herzen, deren Liebe erkaltet ist (Matthäus 24,10-14). In dieser dunklen und wichtigen Zeit muss die Gemeinde sich als Braut sehen, die einen eifernden Bräutigam hat, der auf dem Wege ist, sie zu befreien. Gott hat in Seiner Strategie die volle Offenbarung des Braut-Paradigmas für die komplexen Nöte der letzten Generation aufbewahrt. Es ist von Gott inspiriert, um die Gemeinde dazu auszurüsten, die kälteste, abtrünnigste, ängstlichste, dämonischste und sexuell pervertierteste Generation der Menschheitsgeschichte zu überwinden.

Jesus wird Seine Gemeinde reinigen, sie im Wasserbad Seines Wortes waschen und sie mit mehr Glanz und Herrlichkeit füllen, als wir uns vorstellen können. Er wird Sein Volk vollständig zum Sieg führen, hinein in eine Machtposition, die gefüllt ist mit leidenschaftlicher Liebe und Triumph über Sünde. Paulus schrieb: «... um sie im Wasser durch das Wort rein und heilig zu machen, damit er sie vor sich stelle als eine Gemeinde, die herrlich sei und keinen Flecken oder Makel oder etwas dergleichen habe, sondern die heilig und untadelig sei» (Epheser 5,26-27). Keine Flecken oder Makel zu haben, bezieht sich nicht nur auf unseren rechtmäßigen Stand der Gerechtigkeit – natürlich werden wir untadelig vor Ihm sein, weil Jesus für uns gestorben ist. Aber dieser Vers bezieht sich auch auf unseren Charakter, der in unserer Zusammenarbeit mit Gott entwickelt werden wird. Jesus wird dies vollenden, ohne dabei gegen unseren freien Willen zu verstoßen. Es gibt nichts Stärkeres und Besseres auf Erden, als wenn Gott sich dem menschlichen Geist offenbart. Dieses Wasserbad und das Stehen vor Christus kann nur geschehen, wenn die Gemeinde in ihre Identität als Braut Christi tritt und Jesus genauso liebt, wie der Vater Ihn liebt (Johannes 17,26). Paulus hat in dem Abschnitt nicht gesagt, dass Jesus eine Familie oder eine Armee heiligt und reinigt, sondern Seine Braut.

Die Gemeinde wird mit Gottes Gnade gefüllt werden, bis sie mit heiligem Liebesverlangen nach ihrem Bräutigam-Messias überströmt. *Nur Gott kann uns dazu befähigen, Gott zu lieben.* Wir brauchen die Offenbarung der Liebe Gottes durch den Heiligen Geist, damit wir Gott lieben können. *Unser Verlangen nach Gott ist Gottes Geschenk an uns. Unsere Liebe und unser Verlangen nach Gott sind ein Ausdruck von Seinem Verlangen nach uns.* Alle emotionalen Ressourcen, die Gottes Volk braucht, um siegreich in Seiner Liebe zu sein, fließen aus unserer Freude an Gott. Diese Freude empfangen wir, wenn wir in unserer Identität als Braut Christi wandeln.

Während wir die sieben Sehnsüchte des menschlichen Herzens näher betrachten, möchte ich dich dazu ermutigen, sie als Wegweiser zu betrachten, die uns dahin führen, den Herrn als unseren Bräutigam und uns selbst als Seine auserwählte ewige Braut zu sehen. Hier findet sich ein wunderbares Wechselspiel wieder: Um diese Sehnsüchte zu stillen, müssen wir Jesus als unseren Bräutigam erkennen, und um Ihn als Bräutigam zu sehen, müssen wir zu Ihm kommen, damit Er unsere Sehnsüchte stillen kann. Wir werden diese Sehnsüchte niemals durch vorübergehende Scheinerfüllungen befriedigen können. Nur wenn wir etwas von dieser ewigen Fülle berühren und echte Erfüllung erleben, werden wir dazu imstande sein, die Scheinerfüllungen und niederen Freuden loszulassen. Egal wie leicht es ist, unser Leben mit Scheinfreuden zu füllen, wir müssen von ganzem Herzen nach den Freuden trachten, die jetzt und bis in alle Ewigkeit Bestand haben.

Sünde hat einen gewissen Reiz. Sie ist attraktiv. Sünde weckt den Anschein, dass sie Menschen befriedigt und erfüllt. Satan hat jedoch Freude und Genuss nicht erfunden – er hat sie pervertiert und bietet einen Scheinersatz an, der niemals befriedigen kann. Der Unterschied zwischen Scheinfreuden und der Wahrheit der romantischen Liebesgeschichte des Evangeliums, in der sich Gott dem menschlichen Geist offenbart, wird immer auffallend sichtbar sein. Die höheren Freuden des Geistes sind viel gewaltiger als die niederen Freuden der Sünde. Sie beflügeln uns mit übernatürlicher emotionaler Kraft und Stärke, die im Hinblick auf die zukünftige globale Krise von sozialer, geistlicher, wirtschaftlicher, politischer und emotionaler Zerrüttung unentbehrlich sein werden. Nur Menschen, die glücklich und deren Sehnsüchte von Gott gestillt sind, werden für diese Stunde gerüstet sein. Deshalb sind die sieben Sehnsüchte in Zusammenhang mit dem Braut-Paradigma für diese Zeit so wichtig. Paulus betete, dass wir durch die Kraft des Geistes am inneren Menschen gestärkt werden mögen (Epheser 3,16). Gott wird dies tun, indem Er unseren Herzen Seine Wahrheiten offenbart.

Der Bereich der Freude gehört einzig und allein zu Gottes Reich. Gott hat uns die Fähigkeit gegeben, Freude auf körperliche, emotionale und intellektuelle Art zu erfahren, aber die tiefste aller Freuden ist geistlicher Art. Dies verwirklicht sich vor allem dadurch, dass der Heilige Geist dem menschlichen Geist Jesus offenbart. Die wahrhaftigen und höheren Freuden des Evangeliums finden wir in Matthäus 22,2. Als Jesus das Reich Gottes mit einem Bräutigam und einer Braut an ihrem Hochzeitstag vergleicht, weist er damit auf eine völlig neue Arena der Erfahrung der Erlösung hin – die Erfahrung, eine ewig geliebte Braut zu sein. Solange die niederen Freuden die einzigen Freuden sind, die wir kennen, haben sie das Potential, unser Leben zu dominieren. Wenn jemand Gott nicht erfahren hat oder Ihn sehr wenig kennt, scheinen die niederen Freuden der Sünde eine angemessene Erfüllung zu sein. Sie werden dann nicht als hohle Fälschung erkannt.

Viele Christen konzentrieren sich darauf, den niederen Freuden zu widerstehen, die Satan anbietet. Sie schauen sich ihre Sünde an und versprechen Gott, «Ich werde das niemals wieder tun, wirklich *nie*!» Aber sie versprechen, was sie nicht halten können. Das wiederum führt zu allen möglichen religiösen Beschwörungen in ihrem Verlangen, wirklich frei zu werden, führt es sie wiederum zu. Aber im Hinterkopf schlummert die Erinnerung, dass die Sünde doch irgendwie ihren Reiz hatte ... es war falsch, aber es war trotzdem schön. Es war Sünde, aber es war das einzige Vergnügen, die einzige Erfüllung, die sie kennen. Sie haben Mühe damit, ihr Leben in Christus zu leben, und wenn sie ehrlich wären, würden sie zugeben, dass sie die Tage, in denen sie Jesus noch nicht kannten, zur «guten alten Zeit» zählen.

Gottes Verlangen ist es, uns mit einer Freude zu verblüffen, die es nur in der Beziehung zu Ihm gibt. Er tippt uns auf die Schulter und flüstert, «Kehr um! Erlebe die wahrhaftigen und höheren Freuden, die Schönheit Meines Sohnes, die Dimension von dem, wer du in Mir bist – Mein auserwählter Partner, der mit Mir für immer und ewig regieren wird!» Wenn wir unseren Blick auf die höheren Freuden Gottes richten, dann geschieht etwas in unseren Herzen. Das erste Gebot rückt an den ersten Platz und wir fangen an, ganzherzig für Ihn zu leben. Die Freuden, die die Sünde zu bieten hatte, verblassen plötzlich und offenbaren sich als kalt, hohl und schal. Sie beanspruchen fortwährend unsere Zeit, unsere Aufmerksamkeit und unsere Energie und lynchen dabei Stück für Stück unsere Herzen. Lust, Gier, Pornografie und Bitterkeit sind bei weitem nicht so mächtig, wenn wir die höheren Freuden Gottes erfahren und die wunderbare Erfüllung Seiner Gegenwart schmecken. Wenn uns die Schuppen von den Augen fallen, werden wir erkennen, wie viel uns Gott zu bieten hat. Und das, was Er zu bieten hat, ist genau das, wonach wir die ganze Zeit gesucht haben.

Der meisterhafte Plan Gottes ist erstaunlich. Er schuf eine Braut für Seinen Sohn, sah, wie sie sich der Sünde verkaufte und bot Seinen Sohn an, um die Braut zurückzukaufen. Er wusste, dass Er Sehnsüchte in die Braut hineingelegt hatte, die nur Er stillen kann. Er wusste auch, dass der Feind diese Sehnsüchte missbrauchen würde, um die Braut Jesu zu manipulieren. Aber auch das hat Gott nicht in Panik versetzt. Denn Er wusste, dass die Braut nur bei Ihm Erfüllung finden kann. Während sie nun ihre Sehnsüchte mit allen möglichen Scheinfreuden zu stillen versucht, weiß Gott, dass sie nur dann Erfüllung finden kann, wenn sie zu ihrer wahren Identität und Berufung als Braut Christi zurückkehrt. Sie wird nach Hause kommen und in die heilige Liebesgeschichte eintreten müssen, wenn sie jemals wirklich glücklich sein will.

An dieser Stelle möchte ich noch deutlich machen, dass ich mich mit der Bezeichnung «heilige Liebesgeschichte» nicht etwa auf etwas Sinnliches oder auf Sexualität beziehe. Das Konzept einer heiligen Liebesgeschichte ist eine Wahrheit im Wort Gottes: von Gottes Herrlichkeit und Glanz erfüllt zu sein, die geistlichen Freuden des Wortes Gottes zu erleben, das Wirken des Heiligen Geistes im Inneren zu spüren und zu erkennen und zu verstehen, was es bedeutet, von Gott geliebt zu sein. Das wird auch «die Fülle der Freude» genannt (Psalm 16,11). Die Fülle der Freude ist eine gewaltige Realität. Es ist mehr, als sich nur in einer günstigen Lage zu befinden oder ein Gefühl des Sieges zu haben. Es ist eine echte Lebensweise. Der Apostel Paulus sprach auf wunderbare Weise von dieser heiligen Liebesgeschichte, als er sagte: «Ich bin überzeugt, dass die Leiden der gegenwärtigen Zeit nicht ins Gewicht fallen im Vergleich zu der Herrlichkeit, die an uns offenbar werden soll.» (Römer 8,18). Mit dieser Aussage hat er keineswegs übertrieben.

Paulus war ein Mann, dessen Herz von der Liebesgeschichte des Evangeliums ergriffen war. Er war krank vor Liebe. In Philipper 3,8 spricht er über die Opfer seiner Nachfolge. Im Prinzip sagte er jedoch: «Alles, was ich aufgegeben habe, meine Karriere, meine edle Herkunft, die für mich sprach – das alles ist mir zuwider, es bedeutet mir nichts. Sag nicht etwa, dass ich etwas aufgebe, denn das zeigt mir, dass du nichts vom echten Leben verstanden hast. Ich habe überhaupt nichts geopfert.» Warum hat er das gesagt? Weil der Lohn eines Liebhabers die Kraft der Liebe ist, und genau das ist es, was er besaß. Er war im Stande, wirklich Gottes Liebe zu empfangen, und indem er Seine Liebe empfing, wurde auch er dazu befähigt, Gott auf solche Weise zu lieben. Die höchste Freude für einen Liebhaber ist, wenn seine Liebe erwidert wird. Wir wissen, dass Gott danach verlangt, die Herzen Seines Volkes zu entriegeln und für Seine Liebe freizusetzen. Er wird uns in die höheren Freuden des Evangeliums hineinführen. Er wird uns zeigen, was es bedeutet, aus Liebe gehorsam zu sein. Ich bin fest davon überzeugt, dass das Braut-Paradigma die gewaltigste Wahrheit des Evangeliums ist, weil es die größte Kraft hat, um das menschliche Herz umzugestalten und es zur Liebe zu befähigen. Das Braut-Paradigma hat die stärkste transformierende Wirkung auf unsere emotionale Chemie.

Der große Missionsauftrag wird nicht ohne Märtyrer erfüllt werden können. Viele Dienste in der jetzigen Stunde und der kommenden Zeit werden Gläubige darauf vorbereiten und dazu stärken, als Märtyrer, die mit Freude erfüllt sind, zu sterben – auch im Westen. Heute sterben weltweit mehr Gläubige als Märtyrer als je zuvor in der Geschichte. Bisher war die Gemeinde Christi im Westen weitgehend davon ausgeschlossen. Aber das wird sich bald ändern. Der Apostel Johannes hatte eine Vision von der wichtigen Rolle, die die Märtyrer in den letzten Tagen spielen werden:

> Als das Lamm das fünfte Siegel öffnete, sah ich unter dem Altar die Seelen aller, die hingeschlachtet worden waren wegen des Wortes Gottes und wegen des Zeugnisses, das sie abgelegt hatten. Sie riefen mit lauter Stimme: Wie lange zögerst du noch, Herr, du Heiliger und Wahrhaftiger, Gericht zu halten und unser Blut an den Bewohnern der Erde zu rächen? Da wurde jedem von ihnen ein weißes Gewand gegeben; und ihnen wurde gesagt, sie sollten noch kurze Zeit warten, bis die volle Zahl erreicht sei durch den Tod ihrer Mitknechte und Brüder, die noch sterben müssten wie sie.
>
> Offenbarung 6,9-11

Was wird diese Märtyrer dazu befähigen, ihr Leben zu lassen? Sie werden eine tiefe, innige Beziehung zu Jesus haben. Diese innige Gemeinschaft wird aus der tiefen Erkenntnis der Herrlichkeit und Majestät des Bräutigams Jesu, des Bräutigam-Königs, fließen. Diese Märtyrer werden in großem Maße die höheren Freuden des Evangeliums im Rahmen des Braut-Paradigmas erleben. Johannes beschrieb eine siegreiche Schar von anbetenden und mit Freude erfüllten Märtyrern am Ende des Zeitalters.

> Und ich sah ..., die den Sieg behalten hatten über das Tier und sein Bild und über die Zahl seines Namens, die

standen an dem gläsernen Meer und hatten Gottes Harfen und sangen ...

Offenbarung 15,2

Das Buch der Offenbarung ermahnt und ermutigt die Gemeinde Christi, zu ihrem Bräutigam zurückzukehren. Es bestätigt die Rechtmäßigkeit der Sehnsüchte, die die Braut so lange geleugnet hat. Es zeigt uns, dass diese Sehnsüchte völlig mit dem übereinstimmen, wie Gott uns geschaffen hat.

Bevor wir uns diese sieben Sehnsüchte näher anschauen, stell dir für einen Moment vor, wie es wäre, wenn du endlich die Erfüllung deiner tiefsten Sehnsüchte finden würdest, denen du nie zu entrinnen vermochtest – wenn du eines Tages wach werden würdest und du wärst völlig heil und perfekt und könntest in reiner Freude leben. Wenn all die brennenden Sehnsüchte, die dich schon quälten, solange du dich erinnern kannst, plötzlich erfüllt wären, wenn plötzlich alle deine Bedürfnisse gestillt wären ... *was für ein Mensch würdest du dann sein?* Ich bin gewiss, dass Du so sein würdest, wie Gott dich gemeint hat – eine Person, die in der unbeschreiblichen Liebe Christi gegründet ist, die mit heiligem Verlangen für Gott brennt und die von Seiner leidenschaftlichen Liebe völlig erfüllt ist.

KAPITEL EINS

DIE SEHNSUCHT, GOTT ZU GEFALLEN

Gott freut sich an uns und Er will nichts mehr, als dass wir das auch glauben. Er freut sich an jedem Einzelnen von uns auf ganz persönliche Weise. Dazu wurden wir geschaffen. Diese Sehnsucht, Gott zu gefallen, ist ein Grundbedürfnis in unseren Herzen. Es gibt keine Möglichkeit, diesem Bedürfnis aus dem Weg zu gehen.

In meinem eigenen Wandel mit Gott gibt es einen Tag, den ich nie vergessen werde. Ein Tag, der diese Wahrheit so tief in mein Herz gebrannt hat, dass es mich für immer verändert hat. Ich hatte den ganzen Tag einsam in meiner Wohnung im Gebet verbracht, hatte im Wort geforscht, um Ihm zu begegnen und hatte Ihn auf jegliche nur erdenkliche Weise gesucht. Die Stunden gingen an mir vorüber, ohne die leiseste Spur von irgendeinem geistlichen Durchbruch. Im Laufe des Tages wurde mein Herz immer schwerer. Ich fühlte mich einsam und wurde unsicher darüber, warum ich meine Zeit und meine Energie eigentlich hiermit verbrachte.

Nach langen Stunden voll scheinbar nutzloser Selbstdisziplin öffnete ich meine Arme und richtete meine letzte Bitte an Gott. Ich sagte einfach nur: «Freu dich an mir.» Genau in diesem Augenblick durchströmte mich die tiefe Wahrheit, dass Gott sich an mir freute, und im gleichen Moment wich der Nebel von Anklage, Ablehnung und Scham, der mich umgeben hatte. Ich hatte nichts zu bieten, außer einem Herzen, das ‹Ja› zu Ihm sagte, wie schwach und arm es auch war. An jenem Tage überzeugte mich Gott davon, dass es nicht von mir abhing oder von irgendetwas, das ich tun konnte, sondern von einem Gott, der sich an mir freut und der mit einer unnachgiebigen Liebe für mich erfüllt ist. — Deborah Hiebert

Die Tatsache, dass man erkennen kann, aus welchem Holz ein Mensch geschnitzt ist wenn er durch Schwierigkeiten und Krisen geht, ist weit bekannt. Es ist wahr, das der wahre Charakter eines Menschen in schwierigen Zeiten zum Vorschein kommt, aber auch Erfolg offenbart etwas Wichtiges. Die Rede von Sally Fields bei ihrer zweiten Oscarverleihung ist ein gutes Beispiel dafür. Als Fields auf das Podium stieg, um den Oscar entgegenzunehmen, offenbarte sie eine Sehnsucht, die in jedem menschlichen Herzen schlummert. Sie sprach ganz offen zu dem Publikum im voll besetzten Theater, «Ich habe nicht gerade eine herkömmliche Karriere und deshalb wollte ich mehr als alles andere euren Respekt verdienen. Das erste Mal, als ich den Oscar bekam, habe ich es nicht gespürt, aber diesmal spüre ich es, und ich kann die Tatsache nicht leugnen, dass ihr mich mögt; *in diesem Augenblick mögt ihr mich!*»

Die sechs Sekunden lange Rede traf grundlegend auf die sieben Sehnsüchte des menschlichen Herzens zu: die Sehnsucht nach Bestätigung, die Sehnsucht, zu gefallen. Zwar suchen wir zur Erfüllung dieses Grundbedürfnisses nach Bestätigung durch andere Menschen, aber unsere wahre Sehnsucht ist in dem Verlangen verwurzelt, Gott zu gefallen. Wir wollen, dass Gott sich an uns freut und uns bestätigt. Wir wurden von einem Gott geschaffen, der Seinen Gefallen an uns hat, und Er hat uns so geschaffen, dass wir diese Bestätigung von Ihm brauchen.

Die Erfüllung dieses Verlangens beginnt erst, wenn wir das vollendete Werk am Kreuz wirklich verstehen. Gott vergibt uns, daran ist kein Zweifel. Aber Er *freut* sich auch an uns und sehnt sich aufrichtig nach Gemeinschaft mit uns. Das ist bemerkenswert. Erst wenn wir verstehen, *was* Jesus am Kreuz vollbracht hat, wird uns die Frage beschäftigen, *warum* Er das tat. Die Gründe, wieso Er sich nach uns sehnt und sich an uns erfreut, liegen weitaus höher als dass wir sie in unseren Leistungen und unserer Hingabe finden könnten. Die besonderen Gefühle, die Gott für uns hegt, stillen unsere Grundsehnsucht und drücken sich in zweifacher Hinsicht aus: als ein Vater und als ein Bräutigam. Der Vater freut sich an uns als Seine Kinder, und in Jesus brennt ein leidenschaftliches Verlangen nach uns als Seine Braut. Dieses Verständnis ist das Fundament, von dem wir uns auf die «romantische Liebesgeschichte des Evangeliums» einlassen können. Und dann spüren wir, dass wir von Gott geliebt sind und dass wir Ihm gefallen.

Das Hohelied Salomos ist ein acht Kapitel langes Liebeslied. Zuallererst ist es ein ganz natürliches Liebeslied, das die Freuden und das Hochgefühl zweier Liebender feiert. Im natürlichen Sinn hat es eine gewaltige Kraft, aber das Lied hat auch eine geistliche Dimension. Wir brauchen uns nicht für eine der beiden Interpretationen zu entscheiden, beide sind gewaltig und wichtig. In der geistlichen oder allegorischen Interpretation steht die Braut, die Gemeinde Christi, zweimal vor Jesus und ruft aus, «Ich bin krank vor Liebe!» (Hohelied 2,5; 5,8). Und dann erklärt sie den anderen die Wahrheit von Gottes Freude und Gefallen an ihr (Hohelied 7,10).

Unser Leben ist genau deshalb wertvoll und wichtig, weil Gott Sein Gefallen an uns hat. Das scheint vielleicht zu gut zu klingen, um wahr zu sein, aber es ist wahr! Wir sind nicht lediglich die Summe dessen, was wir leisten. Der Eine, der uns liebt und sich an uns freut, definiert unseren Wert. Unser Erfolg misst sich einzig und allein an der Tatsache, dass wir für Jesus wertvoll sind und dass Er nach uns verlangt. Unser Dienst wird vielleicht niemals große Dimensionen annehmen, vielleicht werden wir niemals viel Geld oder viele Freunde haben, aber die Tatsache, dass Er sich an uns freut, stillt das größte Bedürfnis unseres Herzens. Wenn wir diese Wahrheit verstehen und annehmen, fangen unsere Herzen an, mit heiligem Verlangen für Ihn zu brennen.

GOTTES FREUDE AN UNS SPÜREN

Wenn sie der Sünde nachgegeben haben, begeben sich viele Christen in eine «geistliche Bewährungszeit». Doch sie auferlegen sich diese Zeit selbst, nicht Gott! Sie peinigen sich für ein oder zwei Wochen oder Monate, um zu zeigen, wie sehr sie ihren Fehltritt bereuen. Wenn wir fallen und unsere Schuld aufrichtig vor Jesus bekennen, können wir sicher sein, dass wir auch weiterhin Bürger erster Klasse in Seinem Reich sind. Wir brauchen uns nicht in eine Art Bewährungszeit zu begeben, bevor wir uns wieder unter die Augen des Herrn trauen. Er hätte es lieber, wenn wir einfach nur unsere Sünde bekennen und dann die Löschtaste für den Schlamassel drücken, zurück in Seine Gegenwart kommen und rufen: «Hier bin ich, Herr! Dein Geliebter, Deine Geliebte! Hier bin ich!» Wenn wir auf unserem Weg stolpern, müssen wir sofort wieder aufstehen, und anstatt aus Scham stehen zu bleiben, Ihm weiterhin unbeirrt nachjagen. Wenn unsere Herzen in der Gewissheit feststehen, dass Gott uns völlig kennt und trotzdem Seine Freude an uns hat, dann geschieht etwas Gewaltiges in unserer emotionalen Chemie. Dann entdecken wir eine bisher nie gekannte Zuversicht in Gott für uns, weit über dem was wir erwartet haben. Und das ist wirklich eine gute Nachricht: Gott freut sich an Gläubigen inmitten ihrer Unreife!

Unsere Kultur hat keine Vorstellung von einem Gott, der sich an Menschen freut. Gott wurde auf unterschiedliche Art und Weise dargestellt, aber meistens als grantiger, alter Mann, der verdrießlich auf die lebenslustigen Menschen herabschaut. Die Bibel zeichnet ein genaues Bild von Gott als gerechtem Richter der Erde, aber die meisten Menschen haben das falsch interpretiert und stellen Gott als einen strafenden Gott hin. Sie richten ihren Blick einzig und allein auf das Gericht und ignorieren dabei völlig die Gerechtigkeit, die das Gericht fordert. Viele Gläubige sind sich nicht so sicher, ob Gott überhaupt an sie denkt, und wenn Er es doch tut, dann ist Er ihrer Meinung nach sehr wahrscheinlich enttäuscht, wenn nicht sogar zornig auf sie. Aber nichts ist weiter von der Wahrheit entfernt als dies. Was wir uns vor Augen halten müssen ist, dass Gott sich so sehr über uns freut wie ein Bräutigam über seine Braut.

> Wie der Bräutigam sich freut über die Braut, so freut sich dein Gott über dich ...
>
> Jesaja 62,5

Viele unserer falschen Gottesbilder rühren von unserer Vergangenheit her. Fast jeder hat sich in seinem Leben irgendwann einem anderen Menschen geöffnet und die Erfahrung gemacht, dass seiner Verletzlichkeit nur mit Gleichgültigkeit, Ablehnung oder sogar Spott begegnet wurde. Vielleicht warst du der Erstklässler, der von seinem Lehrer ungerecht behandelt wurde. Vielleicht warst du der fünfzehnjährige Teenager, der allen Mut zusammennahm und dem Mädchen aus seiner Schulklasse einen Liebesbrief schrieb, und dessen Brief vor seinen Augen zerrissen wurde – und damit auch gleich sein Herz. Oder noch schlimmer, vielleicht warst du der Erwachsene, der in einem kühnen Augenblick «Ich liebe dich» flüsterte, dessen Worte jedoch ins Leere hallten und keine Erwiderung fanden. Die Angst vor Ablehnung ist ein angelerntes Verhalten, und unsere irdischen Beziehungen bieten uns mehr als genug Gelegenheiten, es uns anzueignen.

Es gibt nichts Empfindlicheres als die offene Wunde eines verletzten Liebenden. Der Teil unseres Herzens, der sich nach Liebe sehnt, bildet an der Oberfläche eine harte Kruste, indem wir uns schwören: «Das will ich nie wieder erleben!» Aber unter der Oberfläche befindet sich eine Menge wundes Gewebe, das uns jeden Tag daran erinnert, wie weh es tut, nicht geliebt und nicht gewollt zu sein. Die Ironie all dessen ist, dass wir von Gott sehr wohl gewollt und geliebt sind. Während wir uns darauf konzentrieren, unsere Sehnsucht durch die Anerkennung und Bestätigung von anderen Menschen zu stillen, wartet Gott darauf, uns Seine Zuneigung und Liebe offenbaren zu können.

> *Als Kind habe ich viel Ablehnung von Gleichaltrigen erfahren. Ich fing an zu glauben, dass Gott mich genauso verabscheute wie die anderen. Als Gott jedoch mit der Wahrheit in mein Leben brach, dass Er sich an mir freut, konnte ich in meinem kindlichen Herzen erleben und spüren, dass Gott mich mochte. Von Zeit zu Zeit fand ich mich dabei wieder, wie ich Lieder zu dem Einen sang, der sich an meiner Stimme erfreute. Etwas Gewaltiges geschah auch in meinen Emotionen, als ich langsam zu verstehen begann, dass Gott sich an mir freut. — Deborah Hiebert*

GEWOLLTSEIN

Die falschen Bilder, die viele Menschen von Gott haben, haben auch zu einer falschen Vorstellung davon geführt, was es bedeutet, ein wertvoller Mensch zu sein. Wir nehmen automatisch an, dass unser Wert von unseren Leistungen und Beiträgen abhängt.

Wenn wir etwas zu einer Gruppe oder für einzelne Leute beitragen, dann erwarten wir, dass wir von ihnen wertgeschätzt werden. Wir können zwar Anerkennung von Gleichgesinnten empfangen, aber meistens gilt die Wertschätzung unserer Leistung und nicht unserer Person. Sally Fields bekam den Oscar für ihre Leistung, nicht für ihre Person. Doch unser Wert hängt nicht von unseren *Werken* ab, sondern von Dem, der sich an uns freut.

Wodurch steigt der Wert eines Hauses? Ganz allein dadurch, dass jemand es haben will. Einer unserer Leiter im *International House of Prayer* ist in Nord Dakota aufgewachsen. Dort kann man ein Haus für einen Bruchteil dessen kaufen, was es in einer Großstadt kosten würde. Genau die gleiche Konstruktion, dieselben Materialien, der gleiche Zeitaufwand für den Bau – was genau ist der Unterschied? Der Standort! Das Haus in einer Großstadt ist viel gefragter. Ist das Haus besser ausgestattet? Nein, aber es hat mehr Wert, weil viel mehr Leute es haben wollen, und der Wert steigt mit der Beliebtheit. Genau das gleiche Prinzip gilt für dich: Du hast einen unbeschreiblichen Wert, weil du von Gott gewollt bist. Du bist beliebt bei Ihm, denn Er hat unglaubliche Freude an dir.

Das fünfzehnte Kapitel im Lukasevangelium widmet seine Aufmerksamkeit den Gleichnissen, die widerspiegeln, wie wertvoll wir für Gott sind, wie sehr Er von uns begeistert ist und sich an uns Menschen freut. Als Jesus zu der Gruppe von Pharisäern sprach, legte Er Seinen Finger genau auf das, womit religiöse Menschen über Jahrhunderte hinweg Mühe hatten – die Erkenntnis, dass Gott sich an Seinem Volk freut und große Hürden überwindet, um ihm nachzugehen und es für sich zu gewinnen. Er sucht nach uns wie die Frau nach dem verlorenen Groschen oder wie der gute Hirte nach dem verlorenen Schaf. Jesus zeigte, wie Gott sich darüber freut, wenn ein Verlorener zu Ihm zurückkehrt.

> Wenn einer von euch hundert Schafe hat und eins davon verliert, lässt er dann nicht die neunundneunzig in der Steppe zurück und geht dem verlorenen nach, bis er es findet? Und wenn er es gefunden hat, nimmt er es voll Freude auf die Schultern.
>
> Lukas 15,4-5

Oder wenn eine Frau zehn Drachmen hat und eine davon verliert, zündet sie dann nicht eine Lampe an, fegt das ganze Haus und sucht unermüdlich, bis sie das Geldstück findet?
Und wenn sie es gefunden hat, ruft sie ihre Freundinnen und Nachbarinnen zusammen und sagt: Freut euch mit mir; ich habe die Drachme wiedergefunden, die ich verloren hatte. Ich sage euch: Ebenso herrscht auch bei den Engeln Gottes Freude über einen einzigen Sünder, der umkehrt.

Lukas 15,8-10

Der Abschnitt endet mit der Geschichte eines wohlhabenden Mannes, der zwei Söhne hatte. Einer der beiden war ein Musterknabe, wie ihn Eltern sich nur wünschen können. Er war treu, gehorsam und half seinem Vater in allem. Der andere Sohn war ein typisches «Problemkind». Er war fordernd, beleidigend, verlangte frühzeitig sein ihm zustehendes Erbe und beanspruchte seine Freiheit, um in der Welt umherzustreifen. Schließlich fand sich das wilde Kind, wie so viele andere in ihrer Rebellion, in der Gosse wieder. Ein verlorener jüdischer Jüngling, der völlig verschmutzt im knietiefen Schlamm stand und sein Essen mit den Schweinen teilen musste. Da er zu einem Volk gehörte, für das Schweine unrein waren, war die Botschaft eindeutig – er hatte es zum absoluten Außenseiter gebracht, der von allen verachtet wurde.

Gott ist so barmherzig, dass Er uns manchmal gerade inmitten der tiefsten Finsternis der Sünde einen Moment solch einen klaren Kopf schenkt. Als der Junge vor dem Schweinetrog kniete, hatte er solch einen hellen Moment: «Selbst die Diener meines Vaters haben es besser als ich. Ich werde wohl nicht als Sohn zurückkehren können, aber ich kann bestimmt als Knecht zurückkehren.» Er kam an den Punkt, an dem er echte Reue empfand, und viele von uns kommen an diesen Punkt. Aber was er als nächstes tat, unterscheidet ihn von all denen, die diese Gnade nicht finden werden. Er richtete sein Herz auf sein Zuhause. Anstatt in der Misere zu verharren, nahm er das Risiko auf sich und setzte seine Reue in die Tat um. Er machte sich auf den

Weg nach Hause. Ein großes *Was, wenn* stieg in seinem Herzen auf. *Was, wenn* ich die Chance ergreife? *Was, wenn* ich zu meinem Vater gehe ... wie würde er wohl reagieren?

Sehr wahrscheinlich malte er sich die Reaktion im günstigsten Fall etwa so aus: *Vater wird mir erlauben, in der Scheune zu wohnen und auf dem Feld zu arbeiten. Dort bin ich wenigstens sicher. Ich werde keinen Komfort haben, aber ich werde in Sicherheit sein. Und da sind auch keine Schweine.* So denken auch die meisten Christen, wenn sie zu Gott zurückkehren. *Ich werde wohl der schlimmsten Strafe der Hölle entrinnen, aber ich werde wohl nie das Beste von Gott empfangen.* Aber nichts ist weiter von der Wahrheit entfernt.

Wenn du dein Kind in einem Geschäft aus den Augen verloren hast, dann suchst du aufgeregt, mit klopfendem Herzen und mit Bangen überall nach ihm. Ich habe Berichte von Eltern gehört, deren Kinder entführt wurden. Über Jahre hin suchen sie in Geschäften, auf der Straße, in Schulbussen und hoffen immer wieder auf das Unwahrscheinliche – die Freilassung ihres Kindes oder dass sie es wiederfinden. Und genau das tut auch der Vater.

> Da brach er (der Sohn) auf und ging zu seinem Vater. Der Vater sah ihn schon von weitem kommen und er hatte Mitleid mit ihm. Er lief dem Sohn entgegen, fiel ihm um den Hals und küsste ihn.
>
> Lukas 15,20

Jesus hat die Geschichte aus einem ganz bestimmten Grund erzählt: Er wollte uns zeigen, wie sehr sich Gott an uns freut. Gott hat solchen Gefallen an uns, dass Er, wenn wir die ersten wackeligen Schritte wieder auf Ihn zugehen, mit brennendem Herzen auf uns zuläuft, um uns mit überströmenden Liebkosungen zu empfangen. Viele Menschen gehen nur sehr zaghaft wieder auf Gott zu. Sie sehnen sich so tief nach echter Gemeinschaft mit Ihm, aber sie erwarten eine Tracht Prügel, wenn sie sich Ihm nahen. Sie glauben, dass es sicherer ist, *vor Ihm* wegzulaufen als *zu Ihm* zu kommen. Wenn wir nur das geringste Verständnis von Gottes Herzen für uns hätten, würden wir genau das Gegenteil tun. Wir würden zuversichtlich und ohne Rückhalt in Seine Arme laufen, denn Er liebt uns, Er *mag* uns, Er kann uns *gut leiden* – auch in unserer Schwachheit, unserer Sünde und unserer geistlichen Unreife.

SCHWACH ABER GELIEBT

Auch nach ihrer Umkehr haben viele Gläubige Mühe, zu verstehen, wie überglücklich Gott über sie ist und wie sehr Er sich an ihrer Gegenwart freut. Diese Menschen wachsen nur langsam in ihrem geistlichen Leben und halten einen Sicherheitsabstand zu Gott. Wenn sie dann notgedrungen wieder stolpern, wie alle kleinen Kinder, erwarten sie eine scharfe Zurechtweisung von Gott. Es tut Gott weh, wenn Er sieht, wie sie vor Ihm zurückschrecken, denn Er weiß, dass sie noch nicht begriffen haben, dass Er sie trotz ihrer Unreife liebt. Und wir gelangen letztendlich nur zur Reife, wenn wir Gottes Liebe in unserer Schwachheit und Unreife annehmen und dementsprechend reagieren. Wir können nicht auf Dauer zähneknirschend der Sünde widerstehen. Aber wir können wahrhaftig verändert werden und der Sünde den Rücken kehren, wenn wir in dem wahren Evangelium tief verwurzelt sind: wenn wir verstehen, dass wir nichts tun können, um Gottes Gnade zu verdienen oder uns von ihr zu disqualifizieren.

Wir alle haben mit verschiedenen Schwächen in unserem Leben zu kämpfen, und viele Menschen meinen, dass Gott jedes Mal auf ihre geistliche Unreife so reagieren würde, als wären sie in Rebellion. Aber das ist nicht wahr. Zwischen geistlicher Unreife und Rebellion besteht ein großer Unterschied. Zum Glück kennt Gott den Unterschied und Er weiß, ob wir uns in dem einen oder anderen Zustand befinden. Ein geistlich unreifer Mensch hat das aufrichtige Verlangen, Gott zu folgen und gehorsam zu sein, und er ist frustriert über seine eigene Unreife. Während er nach außen hin und für das ungeschulte Auge in Rebellion zu sein scheint, sieht es in seinem Inneren ganz anders aus. Der geistlich unreife Gläubige ist auf Kriegsfuß mit seinem eigenen Versagen, er richtet sein Herz und seine Seele gegen seine Schwächen, was wiederum die Reife bewirkt, die ihm noch fehlt. Gott hat Sein Gefallen an ihm, während er gegen sein Versagen kämpft und zu einer reifen Person heranwächst.

Wenn wir unsere eigenen Kinder aufwachsen sehen, dann rechnen wir mit Momenten von Unreife in ihrem Leben. Der Grund, warum Zweijährige ungeduldig sind, hat viel damit zu tun, dass sie erst zwei Jahre alt sind. Wenn sie ihren Becher durch die Küche schleudern, weil sie den Goldfisch nicht sehen können, dann disqualifizieren sie sich nicht von der Familie oder von der Liebe der Eltern. Sie werden nicht aus der Familie verbannt. Unreife ist ein Lernmoment, nicht ein Beziehungsbruch. Die Eltern wissen, dass das Kind nicht an dem Punkt stehen bleiben wird. Es ist noch ein Kleinkind und es wird schließlich heranwachsen und reifen. Wenn schon Eltern erkennen, dass ihr Kind erst noch heranreift und erwachsen werden muss, sollte Gott dann die Aspekte unserer Unreife nicht noch viel deutlicher erkennen können?

Liebt Gott uns weniger oder hat Er etwa einen kleineren Horizont als wir? Aus irgendeinem Grund meinen wir, dass Gott die Zwickmühlen unserer Unreife nicht versteht. Aber denk einmal einen Moment nach! Der Vater liebt uns mit einer viel größeren und vollkommenerer Liebe als irdische Eltern ihre Kinder. Er kann alle Probleme und Stolpersteine sehen. Deshalb kann Er sich auch zutiefst an unserem geistlichen Wachstumsprozess erfreuen. Jesus verglich die Beziehung zum Himmlischen Vater mit der Beziehung zwischen einem irdischen Vater und seinem Kind.

> Wo ist unter euch ein Vater, der seinem Sohn, wenn der ihn um einen Fisch bittet, eine Schlange anstelle des Fisches bietet? Oder der ihm, wenn er um ein Ei bittet, einen Skorpion gibt? Wenn nun ihr, die ihr böse seid, euren Kindern gute Gaben geben könnt, wieviel mehr wird der Vater im Himmel den heiligen Geist denen geben, die ihn bitten!
>
> Lukas 11,11-13

Die Botschaft hier ist eindeutig – niemand weiß besser als Gott, wie Er uns in unserer Entwicklung erziehen oder uns wie ein Hirte leiten kann. Seine Weisheit ist viel größer als die irdischer Eltern. Unser himmlischer Vater sieht uns in unserer

Unreife und Er freut sich daran, uns heranwachsen zu sehen. Der Herr liebt geistliche Zweijährige, auch wenn sie in einem fünfundfünfzig Jahre alten Körper leben. Wenn wir verstehen, dass Gott sich mitten in unserem unreifen Stadium an uns erfreuen kann und es auch tut, dann verändert das unsere Sicht von Ihm vollends. Wir können uns sicher sein, dass Er sich jeden Tag an uns freut. Wenn wir in unserer Unreife Fehler machen, dann nutzt Er sie als Lernmomente und schickt uns nicht erst in eine Art Sündenablass-Quarantäne, wo wir unsere Bewährungszeit absitzen und darüber grübeln können, wie schlecht und böse wir doch waren. Er bringt uns Seine Liebe entgegen.

> ... denn wen der HERR liebt, den weist er zurecht, und hat doch Wohlgefallen an ihm wie ein Vater an seinem Sohn.
>
> Sprüche 3,12

Wir verwechseln oft Zurechtweisung oder Korrektur mit Ablehnung. Wenn Gott uns zurechtweist, dann lehnt Er uns nicht ab. Er korrigiert uns vielmehr, weil Er uns liebt und nach uns verlangt. Wir müssen ganz deutlich zwischen liebender Zurechtweisung und ablehnender Strafe unterscheiden. Wenn wir das tun, dann erkennen wir eine sehr wichtige Wahrheit über Gott – nämlich dass Er uns mag. Das Gegenteil der Bestätigung, dass wir gewollt und geliebt sind, ist die Angst vor Ablehnung und das Trauma von Scham. Ablehnung und Scham gehören zu den häufigsten Gedankenfestungen und gewaltigsten negativen Gefühlen, die ein Mensch erleben kann. Sie verkrüppeln die menschliche Seele. Jeder Mensch kämpft, wenn auch in unterschiedlichen Ausmaßen, mit Ablehnung. Wir können emotional völlig ausgelaugt werden und verzweifeln, wenn wir glauben, dass wir von Gott oder anderen abgelehnt werden. Aber wenn wir spüren, dass wir von Gott geliebt sind, dass Er überglücklich über uns ist, und dass Jesus uns wertschätzt, dann überschattet das die Gefühle von Ablehnung und Scham. Ohne diese Offenbarung der göttlichen Freude an uns sind wir viel angreifbarer für den Feind und seine Fallen, mit denen er diese Sehnsucht auf falsche Weise befriedigen will. Diese fehlende Offenbarung ist der Nährboden für viele Irrlehren und falsche Religionen, die Menschen ein Schuldgefühl auferlegen und sie zu unnützem Eifer der Werkgerechtigkeit verführen, um auf diese Weise dem Stigma von Scham zu entfliehen.

Wenn Gott uns Sein Gefallen zusichert und uns bestätigt, dann werden die Festungen von Ablehnung und Scham Stück für Stück abgebrochen und eine unbeschreibliche geistliche Freude wird in uns freigesetzt. Was für eine gewaltige Bestätigung, dass wir eine pure Freude sind, dass wir Gott gefallen und dass Er nach uns verlangt! In dieser Gewissheit kommt unsere Seele zur Ruhe. Gott mag uns so sehr, dass Er diese verblüffende Beziehungsdynamik mit jedem Einzelnen Seiner Kinder aufrecht erhalten kann: *jeder* Gläubige ist Gottes Favorit. Die meisten Christen werden zugeben, dass sie schon einmal Gottes Liebe gespürt haben – aber der Gedanke, dass jeder Einzelne Sein Favorit ist, scheint uns doch etwas weit hergeholt. Wie kann jemand überhaupt mehrere Favoriten oder Lieblingskinder haben? Bezieht sich das Wort ‹Favorit› nicht schon automatisch auf ein einziges Individuum?

GOTTES FAVORIT

In der Begrenzung von menschlichen Beziehungen ist vielleicht nur Raum für einen Favoriten, aber hier haben wir es mit Gott zu tun, der in viel größeren Dimensionen liebt, als wir verstehen können. Er liebt uns genauso wie Er Seinen Sohn liebt (Johannes 15,9). Jesus hat diesen erstaunlichen Aspekt Seinen Jüngern offenbart. Er sagte ihnen, dass der Vater sie genauso liebt, wie Er Ihn liebt. Denk einmal darüber nach – wie sehr liebt der Vater Seinen Sohn? Was empfindet der Gott der Liebe für den Gott der Liebe? Genau das empfindet Jesus für uns, und das macht jeden Einzelnen von uns zu Gottes Favoriten. Du bist Gottes Geliebter, oder, wie ich es sage, du bist Gottes Favorit. Jesus sehnt sich nach dir. Du wurdest nicht errettet, nur um so einen Reisepass für den Himmel zu bekommen. Jesus findet es schön, mit dir zu reden. Er freut sich an dem Gedanken, eines Tages mit dir zu regieren. Er mag dich wirklich sehr. Er freut sich über deine Gegenwart. Er schätzt dich als Person, und Er sieht dich als Freund.

Diese Wahrheit mag vielleicht nicht ganz greifbar für dich sein, aber viele Gläubige vor dir haben diesen Gedanken ohne Vorbehalte aufgegriffen und fest in ihrem Herzen bewahrt. Der Apostel Johannes nahm oft Bezug auf sich selbst als der, der diese besondere, einzigartige Beziehung zu Jesus hatte. Er nannte sich selbst «den Jünger, den Jesus liebte». Wie wäre es, wenn du das nächste Mal in deiner Anbetung als derjenige zu Gott kommen würdest, den Gott liebt? Das ist genau, wie Johannes sich selbst sah. Johannes hat das Johannesevangelium geschrieben. Es ist bemerkenswert, wie oft er auf sich selbst Bezug nahm.

> Als Jesus seine Mutter sah und bei ihr den Jünger, den er liebte, sagte er zu seiner Mutter: Frau, siehe, dein Sohn.
>
> Johannes 19, 26

> Da lief sie schnell zu Simon Petrus und dem Jünger, den Jesus liebte, ...
>
> Johannes 20,2

> Da sagte der Jünger, den Jesus liebte, zu Petrus ...
>
> Johannes 21,7

> Petrus wandte sich um und sah, wie der Jünger, den Jesus liebte, diesem folgte.
>
> Johannes 21,20

> Einer von den Jüngern lag an der Seite Jesu; es war der, den Jesus liebte.
>
> Johannes 13,23

Es ist leicht, dies zu lesen und zu denken: «Johannes hatte vielleicht Nerven! Wusste er etwa nicht, dass so viele Gläubige nach ihm dies lesen würden?» Das Konzept, dass wir Gottes Favoriten sind, hat nichts mit einer Überlegenheit anderen Gläubigen gegenüber zu tun. Wenn Johannes sich als «Jünger, den Jesus liebte» bezeichnete, war dies nicht Ausdruck seiner Unverfrorenheit, *sondern Ausdruck von persönlicher Offenbarung*. Johannes verstand, dass wenn sie miteinander sprachen, Jesu Herz für ihn brannte. Jesus war in dem Augenblick kein König, der sich an die große, breite Masse wandte, sondern ein unendlich persönlicher Gott, der mit Seinem Lieblingsfreund redete.

Dass Johannes Gottes Liebling war, bedeutet nicht, dass er besser als die anderen war. Stattdessen deutet es auf die höchste Form der Liebe Gottes hin – ein Gott, der im Stande ist, jeden einzelnen Menschen ganz individuell und auf einzigartige Weise bis aufs Äußerste zu lieben. Das ist der Punkt, an dem Hoffnungslosigkeit besiegt und heiliges Verlangen geweckt wird. Wir gehen zum Vater, um Bestätigung zu finden, und nicht zu anderen Menschen. Er ist Der, der unseren Wert definiert, nicht andere Menschen. Welche Meinung zählt nun wirklich? Wenn wir dahin gelangen, dann fangen wir an, unsere wahre Identität zu verstehen und zu erkennen, wer wir wirklich sind.

Wenn wir erkennen, dass wir Gottes Favoriten sind, dann haben wir einen großen Vorteil im Kampf um unsere Herzen, unseren Verstand, unseren Frieden und unsere Freude. Der Feind greift uns auf zwei Fronten an. Zuerst suggeriert er uns, dass Gott uns ablehnt und uns nicht liebt. Und dann redet er uns ein, dass unsere Liebe für Gott nicht echt ist, weil sie so schwach ist. Der Feind flüstert uns ins Ohr, dass unsere schwache Liebe erbärmlich, unbeständig und sogar völlig unecht ist. Wenn wir endlich zu verstehen beginnen, dass diese Behauptungen nicht wahr sind, verlieren sie und damit auch der Feind an Macht. Dann können wir glauben, dass Gott uns nah ist und nicht weit von uns entfernt. Wir verstehen, dass unsere Liebe vielleicht schwach sein mag, aber dass sie sich in einem Wachstumsprozess befindet und dass Gott sich inmitten unserer Schwachheit an uns freuen kann. Es ist so wichtig, dass wir verstehen, dass wir von Gott geliebt sind. Wenn wir nicht in der Gewissheit Seiner Liebe verharren, können wir nicht in der innigen Beziehung zu Ihm wandeln. Dazu müssen wir in der Realität unseres «Geliebtseins» vor Gott leben. Wenn wir wissen, dass wir von Gott geliebt sind, dann haben wir Zuversicht in Seine Liebe und in Seine Fähigkeit, uns genau da zu begegnen, wo wir sind. David ist ein Mann, der verstand, dass er von Gott geliebt war (Psalm 60,5). Er wusste, dass er Gottes Favorit war, selbst wenn er scheinbar für den grössten Teil seines Lebens von Gott allein gelassen wurde. Seine Leidenschaft hat die wunderbarste und reinste Anbetungslyrik aller Zeiten hervorgebracht und ihn gleichzeitig in seine tragischsten Fehler gestürzt, die wir in der Bibel finden. Aber in all dem war die Offenbarung, von Gott geliebt zu sein, die Basis für sein Vertrauen und seine Anbetung. Sogar in seiner Schwachheit wusste er, dass Gott ihm vollkommen vergab, sich an ihm freute und ihn unsagbar wertschätzte. Weil er diese Wahrheiten erkannte, war er fähig, in dieser tiefen, unerschütterlichen innigen Beziehung zu Gott zu leben.

David verstand zutiefst, dass Gott seine geistliche Unreife nicht mit Rebellion verwechselte. Er wusste, dass Gott nicht das Äußere ansieht, sondern das, was das Herz bewegt. Samuel sprach diese Wahrheit prophetisch über David aus, als er ihn zum König Israels salbte. David baute sein Leben und seine Herrschaft auf der Basis dieser Offenbarung auf.

> Der Herr aber sagte: «... Gott sieht nicht auf das, worauf der Mensch sieht. Der Mensch sieht, was vor den Augen ist, der Herr aber sieht das Herz ...»
>
> 1. Samuel 16,7

In dieser Schriftstelle sehen wir, dass Gott ganz anders urteilt als Menschen. Gottes Urteil basiert nicht auf menschlicher Leistung, sondern darauf, wie unser Herz auf Ihn gerichtet ist. David hatte eine ungewöhnliche Fähigkeit, Gottes Gnade zu empfangen, weil er fest auf sie vertraute.

> Ich aber traue darauf, dass du so gnädig bist; mein Herz freut sich, dass du so gerne hilfst ...
>
> Psalm 13,5

Ein praktisches Beispiel dafür sehen wir, als die Spannungen zwischen David und Saul ihren Höhepunkt erreichten und David nach Ziklag geflohen war. Ziklag war eine Stadt der Feinde Israels, nämlich der Philister. Die Philister gewährten David Asyl und er durfte sechzehn Monate lang unter ihnen in Ziklag leben. Aber das war eine Lösung voller Kompromisse. Wir können Davids Herz in dem Gebet sehen, das er an Gott richtete, als er sich von diesen Kompromissen löste und Ziklag verließ. Er war sich immer noch sicher, dass Gott sich an ihm freute, auch in dieser schwierigen Zeit.

> Er führte mich hinaus ins Weite, er befreite mich, denn er hatte an mir Gefallen.
>
> Psalm 18,20

Wenn Gott unsere Fehltritte anrechnen und kein Erbarmen zeigen würde, dann könnten wir nie lange in der Beziehung zu Ihm bleiben. Das Wesen der Beziehung und unseres Wandels mit Gott hängen von Seiner Güte und Seiner Gnade ab.

> Würdest du, Herr, unsere Sünden anrechnen, Herr, wer könnte bestehen?
> Doch bei dir ist Vergebung, damit man in Ehrfurcht dir dient.
>
> Psalm 130,3

David war sich sicher, dass Gott ihn liebte, und weil er diese Erkenntnis hatte, konnte er Gottes Gnade ergreifen und Seine Vergebung empfangen. Vergebung ist etwas, das wir unseren Freunden schenken. Gott sah David als Seinen Freund. Wir kennen Davids Schwachheit, Kämpfe und Versagen und deshalb ist es so ermutigend zu sehen, dass Gott ihn mit Seiner Liebe und Zuneigung überströmte, auch in Zeiten seiner geistlichen Unreife.

David war innerlich so frei, weil er wusste, dass die Erfüllung seines tiefsten Verlangens durch keinen Menschen verhindert werden konnte. Wenn unser geistliches Leben an den Punkt kommt, an dem unsere größten Sehnsüchte von Ihm gestillt werden, dann kann niemand diese Erfüllung von uns nehmen. Dann werden auch alle Versuchungen, den Menschen gefallen zu wollen, auf ein Minimum reduziert. Wir müssen in den großen Ozean Seiner göttlichen Liebe «eintauchen», wo Gottes Gefallen und Freude an uns ganz oben stehen. Der unerschöpfliche Strom Seiner göttlichen Liebe wird an vielen Stellen in der Bibel beschrieben. Ich nenne hier nur zwei:

> … sollt ihr zusammen mit allen Heiligen dazu fähig sein, die Länge und Breite, die Höhe und Tiefe zu ermessen und die Liebe Christi zu verstehen, die alle Erkenntnis übersteigt, damit ihr erfüllt werdet mit der ganzen Gottesfülle …
>
> Epheser 3,18

> Der HERR ist mir erschienen von ferne: «Ich habe dich je und je geliebt, darum habe ich dich zu mir gezogen aus lauter Güte.»
>
> Jeremia 31,3

In den letzten sieben Jahren hat das *International House of Prayer* viele Praktikanten gehabt, von denen jetzt als Vollzeit-Missionare bei uns mitarbeiten. Am meisten freue ich mich, wenn ich sehe, wie sich junge Leute verlieben. Dann passiert nämlich etwas ganz Besonderes: Die Terminkalender der beiden frisch Verliebten gleichen sich einander an. Wie durch ein Wunder finden sich beide plötzlich zur gleichen Zeit im Gebetsraum wieder, oder, wie es bei einigen unserer Mitarbeiter der Nachtschicht im Gebetsraum der Fall war, stehen beide plötzlich gemeinsam auf dem Parkplatz und beobachten den Sonnenaufgang. Liebe zieht die Herzen von zwei Menschen in eine unmittelbare Nähe. Ganz ähnlich verhält es sich auch mit Gott, wenn wir verstehen, dass Er gerne Zeit mit uns verbringt!

> Vater, ich will, dass, wo ich bin, auch die bei mir seien, die du mir gegeben hast, damit sie meine Herrlichkeit sehen, die du mir gegeben hast.
>
> Johannes 17,24

In diesem Gebet offenbart Jesus das tiefste Verlangen Seines Herzens, das Er schon seit jeher in sich trägt: dass die Menschheit dort sein möge, wo Er ist. Der Dreh- und Angelpunkt in Gottes ewigem Plan ist Sein brennendes Verlangen, für immer unter den Menschen zu wohnen. Unsere Sehnsucht, Gott zu gefallen, wird durch Sein Verlangen nach uns gestillt. In der ganzen Schöpfungsordnung wurde dem menschlichen Herzen eine ganz besondere Gabe gegeben: die Fähigkeit zu lieben. Diese Fähigkeit wurde nicht einmal den Engeln gegeben – nur den menschlichen Wesen. In Seiner unendlichen Weisheit hat der Bräutigam-Gott entschieden, den Bereich der Liebe nur mit den Menschen zu teilen.

Gott hat die Umstände in diesem Zeitalter genau so inszeniert, dass sie das größte und intensivste Maß an Liebe in dem menschlichen Herzen hervorbringen. Wenn wir an jenem Tage nach Jesu Handeln an uns gefragt werden, so werden wir bezeugen: «Sein Handeln an mir war perfekt. Er hat mich so liebevoll geleitet. Ich habe mich danach gesehnt, Ihm zu gefallen, und Er hat Seinen Gefallen an mir gefunden.» Das wird der Augenblick sein, in dem Sein Verlangen völlig gestillt wird und wir vollkommene Erfüllung in Ihm finden werden.

KAPITEL ZWEI

DIE SEHNSUCHT NACH FASZINATION

Gerade in diesem Augenblick spielt sich ein dramatisches Schauspiel vor dem Thron Gottes ab. Dieses Schauspiel hat schon vor Grundlegung der Welt begonnen. Vier Gestalten, auch Serafim genannt (wörtlich «die Brennenden»), richten Ihren Blick unaufhörlich voller Anbetung und Faszination auf Gottes Thron (Offenbarung 4,8; Jesaja 6,2-3). Tag und Nacht schauen sie in die Geheimnisse Gottes und sind von Ehrfurcht ergriffen. Als der Prophet Jesaja diese brennenden Gestalten in einer Vision vor dem Thron Gottes sah, war er so überwältigt, dass ihm die Worte fehlten. Später versuchte er wiederzugeben, was er gesehen hatte. Sein Bericht gibt uns einen kleinen Einblick, wie atemberaubend es sein muss, die Herrlichkeit Gottes aus der Nähe zu betrachten:

> ... ich sah den Herrn sitzen auf einem hohen und erhabenen Thron, und sein Saum füllte den Tempel. Serafim standen über ihm; ein jeder hatte sechs Flügel: mit zweien deckten sie ihr Antlitz, mit zweien deckten sie ihre Füße, und mit zweien flogen sie. Und einer rief zum andern und sprach: Heilig, heilig, heilig ist der HERR Zebaoth, von seiner Herrlichkeit ist die ganze Erde erfüllt.
>
> Jesaja 6,1-3

Die Serafim sind die Gestalten, die dem Thron Gottes am nächsten sind. Sie beugen sich unentwegt und bedecken ihre Augen aus Ehrfurcht vor dem strahlenden Glanz des Herrn. Diese wunderbare Erfahrung von der Offenbarung der Herrlichkeit Gottes durchdringt sie so sehr, dass sie sich vor Ihm beugen, sich wieder erheben und gleichzeitig ausrufen «heilig,

heilig, heilig». Das bedeutet «unvergleichlicher Glanz, unvergleichliche Pracht, unvergleichliche Schönheit!». Sie sind der unaufhörlichen Faszination und der atemberaubenden Anbetung völlig erlegen. Der Reiz dieses ewigen Ozeans von Gottes Schönheit und Pracht ist unerschöpflich, und die Begeisterung der Serafim in diesem unendlichen Strom verflacht nie. Und für genau die gleiche unentwegte Faszination wurden auch wir Menschen geschaffen.

Der faszinierende Gott hat uns mit dem Bedürfnis nach Faszination geschaffen. In jedem menschlichen Herzen liegt das tiefe Verlangen nach Begeisterung. Wir sehnen uns danach, mit unendlichem Zauber erfüllt und in Staunen versetzt zu werden. Gott hat diesen Drang nach Faszination in uns hineingelegt. Die säkulare Unterhaltungsindustrie hat diese Sehnsucht erkannt und zielt mit ihren kommerziellen Methoden genau auf dieses Verlangen ab. Aber selbst mit dem Besten, was die Unterhaltungsindustrie zu bieten hat, kann sie mit dem faszinierenden Gott des Universums nicht mithalten. Was kein Auge gesehen und kein Ohr gehört hat, was keinem Menschen in den Sinn gekommen ist, das hat Gott denen bereitet, die Ihn lieben. (1. Korinther 2,9). Unsere kühnste Vorstellungskraft kann die Fülle dessen nicht erahnen, was uns in alle Ewigkeit völlig in den Bann ziehen wird – die Pracht und Herrlichkeit des Herrn selbst. Wenn wir von Ihm nicht fasziniert sind, dann langweilen wir uns, dann werden wir geistig und geistlich stumpf und passiv. Für ein Herz, das nicht in der Faszination Gottes lebt, ist der Ersatz durch Geld, Drogen, Alkohol und Lust viel verlockender, auch wenn all dies letztendlich nicht dauerhaft befriedigen kann.

Von Natur aus wollen wir Menschen staunen und Dinge erforschen, das Verborgene aufdecken und in der Hoffnung, etwas Neues zu entdecken, dem Unbekannten nachjagen. Eines haben alle Wissenschaftler und Erfinder gemeinsam – ihre unerschöpfliche Neugierde. Die großen wissenschaftlichen Durchbrüche der Menschheitsgeschichte waren die Frucht von Neugierde. Als Kinder wollten Männer wie Einstein oder die Brüder Wright ständig herausfinden, wie etwas funktionierte. Einstein sah seinen ersten Kompass, als er fünf Jahre alt war. Als sich die Nadel immer in Richtung Norden drehte, egal in welche Richtung der Kompass gehalten wurde, war der Junge, der eines Tages die Relativitätstheorie entdecken würde, völlig fasziniert. Zu einem späteren Zeitpunkt erklärte er, dass ihn diese Erfahrung zu der Überzeugung gebracht hat, dass sich «etwas hinter den Dingen verbirgt, etwas tief Verborgenes».[2]

Die Menschheit hat seit jeher nach dem «tief Verborgenen hinter den Dingen» gesucht. Dieser Drang bringt uns zum Forschen, zum Auskundschaften, zum Staunen. Der Sinn dieses Dranges ist jedoch, uns zu Gott zu führen, denn Er hat diese Sehnsucht in uns hineingelegt. Wie auch bei den anderen Sehnsüchten ist Er es, der die wirkliche und ewige Erfüllung bietet. Er hat uns mit dem Wunsch nach Faszination geschaffen und bietet sich selbst als Erfüllung für dieses Verlangen an.

König David hatte dieselbe Neugierde wie viele kluge Geister der Menschheitsgeschichte. Er erhaschte einen flüchtigen Blick auf Gottes bezaubernde Schönheit und richtete seinen Lebenskompass auf die Suche nach Gottes Pracht und Herrlichkeit aus. Wir wissen nicht genau, wann oder wie es genau geschah, aber später schrieb David, dass das Suchen nach dem Anblick der Herrlichkeit und Pracht Gottes seine lebenslange Faszination wurde: «Eines erbitte ich vom Herrn ... alle Tage meines Lebens die Herrlichkeit des Herrn zu schauen.»[3] (Psalm 27,4). Dies sind sehr gewichtige Worte für einen Mann, unter dessen Leitung sich das gesamte Königreich Israel befand. David war auf dem Höhepunkt seiner Regentschaft einer der mächtigsten Männer auf diesem Planeten, aber die Begegnung mit Gott war der Dreh- und Angelpunkt in seinem Leben. Die Paläste, die Frauen, die Pferde und die Armeen verblassten im Vergleich mit dem Einen, das er erbat – und er machte es sich zum Lebensziel,

2 American Institute of Physic's historical exhibit on Albert Einstein: The Formative Years. Mehr Informationen dazu unter: www.aip.org/history/einstein/early1.htm .

3 Anm. Übersetzer: Luther übersetzt hier *Herrlichkeit* mit «die schönen Gottesdienste», die rev. Elberfelder- und Einheitsübersetzung lesen hier «die Freundlichkeit des Herrn». Das Hebräische Wort an dieser Stelle lautet *no'am* (Strong's Exhaustive Concordance, # 5278) und bedeutet: *Glanz, Grazie, Reiz, Schönheit, Anmut, Pracht, Größe, Glorie.*

noch einmal einen Blick zu erhaschen ... und noch einen ... und noch einen.

VON GOTT FASZINIERT

Satan hat die Idee von Begeisterung und Schönheit nicht erfunden. Er verfälscht sie und benutzt Fälschungen, um das menschliche Herz zu zerstören. Gott hat uns die Fähigkeit gegeben, Freude und Begeisterung zu erleben – auf körperlicher, emotionaler und geistiger Ebene. Aber die weitaus größte der Gott gegebenen Freuden befindet sich im Bereich der geistlichen Freude. Geistliche Freuden durchdringen uns viel tiefer als andere Freuden. Wenn der Heilige Geist uns Gott den Sohn offenbart, dann dringt das vor bis in die Tiefe unseres Herzens. Das ist die größte Erfahrung von Freude und Erfüllung, die der Menschheit zur Verfügung steht. Diese Offenbarung von Gott *durch* Gott lässt uns *geistliche Faszination* erleben. Nur Gott kann unsere Sehnsucht auf solche Weise befriedigen. Der Heilige Geist nimmt von dem, was Jesus gehört und gibt es an uns weiter (Johannes 16,14).

Gott weist uns auf den Tag hin, an dem all unser Suchen und Fragen endgültige Erfüllung finden wird. Unsere Sehnsucht nach Faszination und Begeisterung wird völlig gestillt sein. In Jesaja 4,2 befindet sich eine Prophetie, die sich auf Gottes Volk in der Endzeit bezieht und die mein Herz ganz besonders bewegt. Gott verheißt darin, dass das menschliche Herz mit Begeisterung für Jesus erfüllt sein wird: «Zu der Zeit wird, was der HERR sprießen lässt [Jesus], herrlich und schön sein» (Jesaja 4,2). Fünfmal in der Heiligen Schrift nennen die Propheten den Messias den «Spross des Herrn». Es ist eine Bezeichnung, die sich auf den Messias in Seinem Menschsein bezieht und damit auf die zweite Person der Dreieinigkeit, Jesus. Jesaja verkündete, dass die Herrlichkeit und Schönheit Gottes in der Person Jesu allen Völkern der Erde offenbart werden würde. Diese Offenbarung Jesu wird die Herzen des Volkes Gottes begeistern.

Jesaja gab noch eine weitere bekannte Prophetie über die Offenbarung der Schönheit Jesu: «Deine Augen werden den König sehen in seiner Schönheit» (Jesaja 33,17). Jesus ist unbeschreiblich schön und es wird ein Tag kommen, an dem wir Ihn in Seiner unverhüllten

Schönheit sehen werden. Eine lebenslange Sehnsucht – siebzig, achtzig, hundert Jahre – wird plötzlich gestillt, wenn wir unseren Schöpfer und Erlöser erblicken. Die Serafim zeugen davon, dass wir niemals gelangweilt sein, sondern mit Staunen unseren Blick immer wieder auf Ihn richten werden. Was kein Mensch auf Erden sich erdenken konnte, wird Gott bis in alle Ewigkeit tun – Er wird unsere Herzen *wirklich* faszinieren. Er selbst wird sich zur Schau stellen und Er selbst ist der Inbegriff von Schönheit, die Perfektion von Glanz und Herrlichkeit. Jesu Name ist «Wunderbar», denn Er allein kann die Herzen Seines Volkes mit Begeisterung und Zauber erfüllen. In alle Ewigkeit werden die Erlösten bekennen «Er ist Wunderbar».

> Denn uns ist ein Kind geboren, ein Sohn ist uns gegeben, und die Herrschaft ruht auf seiner Schulter; und er heißt Wunderbar [4] …
>
> Jesaja 9,6

Die Freuden Gottes und Seine Majestät übersteigen all unser Begriffsvermögen. Schon hier auf Erden sehen wir immer wieder Dinge, von deren Schönheit wir nicht zu träumen gewagt hätten. Immer wieder hört man Menschen sagen, die am Rande des Grand Canyons stehen und in die tiefen Schluchten schauen: «Ich hatte ja keine Ahnung, wie gewaltig dieser Anblick ist ...» Wenn eine irdische Schlucht, die eine Schöpfung Gottes ist, so viel Bewunderung und Begeisterung hervorrufen kann, wie muss dann erst die Schönheit und die Gewalt des Schöpfers selbst aussehen?

GEISTLICHE LANGEWEILE ÜBERWINDEN

Es ist Gottes Plan und Freude, die göttliche Schatzkiste zu öffnen, um die Pracht und die Herrlichkeit Seines Sohnes zu offenbaren und um unsere Sehnsucht nach Faszination zu stillen. Und

4 Anm. Übersetzer: Im Hebräischen steht hier *Pele* (Strong's 6382). Es ist ein maskulines Nomen und bedeutet: *Wunder, etwas Wundervolles, eine wunderbare Tat*. (Vgl. Strong's Exhaustive Concordance, # 6382). Die deutschen Bibelübersetzungen haben das Wort als Adjektiv übersetzt: *wunderbarer Rat(geber)*. Das hebräische Wort ist jedoch ein Nomen und bezieht sich auf einen Namen: *Wunderbar*.

schon jetzt wird der Weg für uns freigemacht, um die Schönheit Jesu zu sehen. Der Heilige Geist sucht und erforscht die Geheimnisse Gottes, so dass Er sie uns offenbaren kann. Der Heilige Geist lädt uns dazu ein, uns von der Herrlichkeit Gottes, die in Seiner Schöpfung und in Seinem Wort sichtbar ist, faszinieren zu lassen, den unendlichen Gott zu erforschen und zu entdecken.

> ... wie geschrieben steht: «Was kein Auge gesehen hat und kein Ohr gehört hat und in keines Menschen Herz gekommen ist, was Gott bereitet hat denen, die ihn lieben.» Uns aber hat es Gott offenbart durch seinen Geist; denn der Geist erforscht alle Dinge, auch die Tiefen der Gottheit. Denn welcher Mensch weiß, was im Menschen ist, als allein der Geist des Menschen, der in ihm ist? So weiß auch niemand, was in Gott ist, als allein der Geist Gottes. Wir aber haben nicht empfangen den Geist der Welt, sondern den Geist aus Gott, dass wir wissen können, was uns von Gott geschenkt ist.
>
> 1. Korinther 2,9-12

Wir haben einen Gott voller Schönheit und Glanz, der uns dazu einlädt, Seine Schönheit zu entdecken, aber wir müssen auch verstehen, dass es Zeit und Energie kostet, um in die Tiefen Gottes vorzustoßen. Es kostet Zeit und Energie zu beten, zu fasten und die Heilige Schrift zu studieren. Diejenigen, die all ihre Energie in ihre Arbeit oder ihren Dienst stecken und neue Energie in Unterhaltung und Entspannung suchen, enden irgendwann ausgelaugt. Es gibt viele Männer und Frauen Gottes, die zwar aufrichtigen Herzens sind, die aber keine Zeit oder Energie zum Fasten, Beten oder Bibellesen finden. Wir dürfen uns aber auch nicht auf Kosten unserer Beziehung und der Erfahrung der Begegnung mit Gott in hundert verschiedene Aufgaben stürzen. Wir können unsere Seelen nicht mit Aktivitäten befriedigen. Das kann nur zu einem stumpfen Geist führen.

In seinem Buch die sichtbare *Kraft der Schönheit*[5] verfolgt Tho-

5 Englischer Titel: The Evidential Power of Beauty von Thomas DuBay, Ignatius Press 1999

mas DuBay Gottes Spuren in der sichtbaren Welt. Angefangen bei der kosmischen Rotation der Planeten und der Zusammensetzung der Erdatmosphäre über die Wunder der Biologie im molekularen Bereich bis hin zu dem Verhalten von Atompartikeln – überall sieht DuBay die Offenbarung der Herrlichkeit Gottes. Wenn man das Buch mit einem offenen Herzen liest, kann man nur über die Genialität Gottes und Seine zielgerichtete Hingabe an Schönheit und Pracht bis ins kleinste Detail staunen. Er macht die Dinge wunderbar, weil Er wunderbar ist. Da die Schöpfung von Ihm zeugt, ist jede Begegnung mit diesen herrlichen Erscheinungen wie ein flüchtiger Blick in die Herrlichkeit und Anmut Gottes. Wenn man das erkennt, hat man eine ungefähre Vorstellung, was das menschliche Herz in alle Ewigkeit begeistern und faszinieren wird.

Eines der großen Probleme im heutigen Leib Christi, das ich in den USA beobachte, ist jedoch geistliche Langeweile. Viele Gemeinden bestehen aus Menschen, die von Unterhaltung, ständiger Berieselung durch Informationen und jeglicher Art von Freizeitgestaltung überschwemmt sind. Pastoren haben oft das Gefühl, mit dem konkurrieren zu müssen, was die Aufmerksamkeit ihrer Herde stiehlt. Die Notwendigkeit, Gottes Stimme zu hören wird der Frage untergeordnet, wie man am besten die Aufmerksamkeit der Menschen gewinnen kann, die nach Stimulanz und sofortiger Befriedigung verlangen. Ein Abend im Kino mit dem neuesten Hollywoodfilm rührt uns zu Tränen, aber die Anbetungszeit im Gottesdienst am nächsten Morgen lässt uns völlig unberührt, weil wir so stumpf geworden sind und eine «McDrive»-Erfüllung suchen, anstatt uns der Faszination mit Ewigkeitswert hinzugeben. Es ist so tragisch, dass wir die begrenzte Leidenschaft, die wir haben, in Dinge investieren, die letztendlich nicht befriedigen.

FALSCHE FASZINATION IN UNTERHALTUNG

Diese heilige Faszination, dieser Hunger nach der Offenbarung, den Einstein das «tief Verborgene hinter den Dingen» nannte, hat Gott in jeden Einzelnen von uns gelegt. Die Menschheit hat alle Mühe aufgebracht, um diese Leere mit anderen Dingen zu füllen. Die Griechen hatten ihre Theater und die Römer das Kolosseum.

Das Kolosseum unserer heutigen Städte ist das Multiplex-Kino[6] – ein Tempel falscher Faszination. Weil der Mensch unfähig ist, den himmlischen Glanz Gottes zu reproduzieren, greift er auf irdische Unterhaltung zurück. Amerika unterscheidet sich da von anderen Kulturen, weil die Unterhaltungsindustrie einen großen Teil der Wirtschaft ausmacht und viel mehr Zeit in Anspruch nimmt. Hier hat volkswirtschaftliche Gesetz von Angebot und Nachfrage auf emotionaler Ebene das Sagen, aber in diesem Fall befriedigt das Angebot die Nachfrage nicht wirklich. Plötzlich wird dann *das* unbefriedigend, ja sogar abstoßend, von dem wir dachten, dass wir es unbedingt bräuchten.

Die Bibel berichtet uns die Geschichte von Amnon, der auf sündhafte Weise von Tamar fasziniert war. Er war völlig davon überzeugt, dass sie seine Bedürfnisse befriedigen würde und drängte sich ihr in einem günstigen Moment auf und vergewaltigte sie. Auf körperlicher Ebene hat er genau das bekommen, was er wollte, aber das Wesen von irdischen Freuden wird drastisch offenbar durch das, was unmittelbar danach geschah:

> Danach aber empfand Amnon eine sehr große Abneigung gegen sie; ja, der Hass, mit dem er sie nun hasste, war größer als die Liebe, mit der er sie geliebt hatte.
>
> 2. Samuel 13,15

Genau das Objekt seines Verlangens – das, wonach er sich so gesehnt hatte – wurde ihm nun widerlich. Sie war der Film-Star von gestern, Nummer Eins in der Hitparade letzte Woche, ein Mittel, das seine Lust befriedigt hatte, aber nun keine Erfüllung mehr brachte, und so stieß er sie von sich. Genauso ist es auch mit all unserem Unterhaltungsprogramm. Wenn wir es einmal erlebt haben, ist es vorbei. Und so fühlen wir uns hinterher noch unbefriedigter.

6 Ein *Multiplex-Kino* ist ein größeres Kino mit mehreren Sälen und einige tausend Sitzplätze. Meist umfasst ein solches Kino zusätzlich eine Vielzahl von Unterhaltungseinrichtungen wie Cafés, Bars, aber auch Geschäfte.

Ich möchte deutlich machen, dass ich nicht gegen Unterhaltung bin, aber das Ausmaß und der Rang, den sie in unserer Gesellschaft einnimmt, stimmt mich bedenklich. Die Gefahr besteht dann, dass wir unsere Sehnsucht nach Faszination hauptsächlich mit Entertainment zu füllen versuchen. Wenn wir unseren Konsum von irdischer Unterhaltung erhöhen, dann wird unsere Aufnahmefähigkeit geschwächt, von Gott fasziniert zu werden. Es ist nicht so, dass wir Gott nicht sehen wollen, aber wir können Ihn unter der Informationsflut, der wir uns aussetzen, nicht mehr finden. Man muss kein geistlicher Held sein, um die langfristigen Folgen irdischer Unterhaltung absehen zu können, wenn wir weiterhin unsere Fähigkeit, von Gott selbst fasziniert zu werden, vernachlässigen und abstumpfen lassen.

Darüber hinaus gibt es auch noch das Segment der Unterhaltung, das mehr als nur unbefriedigend ist – es ist geradezu destruktiv. Wenn wir versuchen, unsere Sehnsüchte durch Filme, Musik oder andere Formen dieser Art von Unterhaltung zu stillen, dann erlauben wir ihnen, uns an zutiefst persönlichen Stellen zu berühren. Wir öffnen unser Innerstes für letztendlich schädliche Botschaften und wir bleiben frustriert, zerbrochen und von diesen Unterhaltungsformen missbraucht zurück. Ein Beispiel dafür kann ein junger Mann sein, der ständig Musik konsumiert, die eine gottlose Haltung gegenüber Frauen widerspiegelt. Indem er sich in seinem Inneren von diesen Botschaften beeinflussen lässt, schafft sich der junge Mann damit unbewusst eine Plattform für seine zukünftige Ehe, die dann zum Scheitern verurteilt ist. Wenn wir unsere Herzen manchen Formen sogenannter Unterhaltung aussetzen, nähren wir Haltungen und Einstellungen zu Menschen und Beziehungen, die so schädlich sind, dass wir Jahre dazu brauchen werden, um davon wieder frei zu werden.

Anstatt sich ihren Hunger nach Faszination einzugestehen und zu akzeptieren, dass Gott die Antwort für diesen Hunger ist, kehren sich manche Menschen völlig von Gott ab. Sie schieben die Schuld für ihre Probleme auf das *Verlangen* nach Faszination selbst, statt auf die ungesunde Weise, in der sie ihr Verlangen befriedigt haben. Aber wir wurden dazu geschaffen, fasziniert zu werden. Das Problem liegt nicht in dem Verlangen, sondern an dem Versuch, es auf falsche Weise zu befriedigen. Und das bringt letztendlich nur Frustration mit sich. Man kann und muss sich nicht von dem Verlangen nach Faszination bekehren, genauso wenig wie von seiner Gewohnheit zu atmen. Manche trennen sich auch ganz von Unterhaltung: Sie schalten ihre Fernseher aus, vermeiden Filme und isolieren sich so erfolgreich von bestimmten ungesunden Faszinationen. Aber diese Art der Reinigung von jedem Einfluss wird niemals die Leere füllen, die in ihren Herzen bleibt. Irdische Unterhaltung ist zwar Fast Food, aber immerhin ist es Nahrung. Sie haben die Unterhaltung vielleicht nicht auf gesunde Weise konsumiert, aber wenigstens waren sie nicht mehr hungrig. Nach ein paar Wochen oder sogar Monaten ohne jegliche Faszination erkennen sie, dass sie sich zu Tode langweilen. Sie haben sich von dem schädlichen Einfluss getrennt, aber die dann entstandene Leere nicht durch die Faszination von Gott ersetzt. Verwirrt und frustriert sinken sie auf die Couch, greifen nach der Fernbedienung und reden sich ein, dass das alles nur eine gesetzliche Phase war ...

Der größte Trick des Feindes ist, auf dieses gottgegebene Verlangen nach Faszination abzuzielen und uns zu Handlungen zu treiben, die unsere Wahrnehmung für die Faszination der Schönheit Gottes trüben. Ob das nun durch Unterhaltung geschieht, durch den Wunsch nach Macht oder durch einen anderen billigen Ersatz – wenn wir anderen Dingen nachjagen als dem Angesicht Gottes, brennen wir letztendlich aus. Der Apostel Paulus schrieb von seiner früheren Faszination durch die religiösen Feldzüge als Christenverfolger. Er sagte, dass ihn sein Eifer trieb ... bis er eine Begegnung auf der Straße nach Damaskus hatte, die diese Spurensuche beendete.

> Ja noch mehr: ich sehe alles als Verlust an, weil die Erkenntnis Christi Jesu, meines Herrn, alles übertrifft. Seinetwegen habe ich alles aufgegeben und halte es für Unrat, um Christus zu gewinnen.
>
> Philipper 3,8

Was Paulus uns hier sagt, ist deutlich. Egal, was unsere Herzen in diesem Augenblick fasziniert, es ist viel weniger wert, weniger tiefgründig oder weniger nachhaltig als die überragenden Freuden Jesu. Der Drang nach Position oder Unterhaltung wird am Wegesrand liegen bleiben, wenn wir anfangen, die Herrlichkeit und Schönheit Jesu zu sehen. Wir haben eine unendliche Kapazität und Sehnsucht, mit Bezauberung und Begeisterung gefüllt zu werden. Und Gott hat die unendliche Kapazität, uns zu füllen. Er hat alles, was nötig ist, um uns für Milliarden von Jahren zu faszinieren und mit neuer Energie zu füllen, und selbst dann werden wir entdecken, dass wir uns erst am Rand des gewaltigen Ozeans Seiner Herrlichkeit befinden.

Gott ist dabei, eine göttliche Revolution herbeizuführen, um das Trachten Seines Volkes nach Faszination völlig auf den Kopf zu stellen. Er offenbart sich als der, der wirklich Erfüllung bringt. Am Ende dieses Zeitalters wird Gottes Volk mehr denn je zuvor in der Menschheitsgeschichte von Jesus fasziniert sein (Offenbarung 22,17). Es wird von dem, was es in Jesus sieht, völlig ins Staunen geraten. Es wird sich völlig verändern, wenn es von der Schönheit Gottes auf dem Thron berührt wird. Zum ersten Mal in seinem Leben wird es ganz bewusst singen: «Groß und wunderbar sind deine Taten, Herr» (Offenbarung 15,3). Gott wird Seine Schönheit auf die Menschen legen, deren Leben nur noch glühende Asche in der zerbrochenen Menschheit ist. In Seiner ersten öffentlichen Rede hat Jesus ganz deutlich verkündet, wozu Er gekommen ist. Ein wesentlicher Bestandteil Seiner Mission auf Erden war, den Zerbrochenen Schönheit zu verleihen. Jesaja prophezeite und Jesus zitierte es:

> Der Geist Gottes des HERRN ist auf mir, weil der HERR mich gesalbt hat ... den Elenden gute Botschaft zu bringen, die zerbrochenen Herzen zu verbinden, zu verkündigen den Gefangenen die Freiheit ... zu trösten alle Trauernden, zu schaffen den Trauernden zu Zion, dass ihnen Schmuck statt Asche, Freudenöl statt Trauerkleid, Lobgesang statt eines betrübten Geistes gegeben werden.
>
> Jesaja 61,1-3

Es ist nicht ungewöhnlich, Menschen zu finden, die ihr Leben auf einen Haufen Elend reduziert haben. Oft hat das Jagen nach irdischer Faszination einen großen Beitrag dazu geleistet. Sie wurden dazu geschaffen, über die Herrlichkeit Gottes zu staunen, aber stattdessen leben viele Menschen ein gelangweiltes, zielloses und destruktives Leben. Sie haben keine Offenbarung von Gott. Sie machen das Abitur und sind fünfzehn Jahre später gelangweilt, von Gottes Volk isoliert, abhängig von Alkohol, Geld oder Pornographie und in den Ruinen ihrer zweiten oder dritten Ehe. Natürlich haben sie ihre Gründe für die Abhängigkeiten, Langeweile, zerbrochene Beziehungen und sie haben meistens mit unerfüllten Erwartungen zu tun. Ihr von Gott gegebenes Verlangen nach Faszination wurde nie durch diese oder jene Arbeit, durch diese oder jene Gemeinde und auch nicht durch diesen oder jenen Ehepartner gestillt. Nun befinden sie sich inmitten der Trümmer ihres Lebens. Aber Gott sagt, dass ihre jetzige Realität nicht eine lebenslange oder ewige Realität zu sein braucht.

Jesus kam, um uns einen unglaublichen Tausch anzubieten – Schönheit für Asche. Gott sieht die Asche an, die niemand mehr will und sagt: «Werft sie nicht weg! Ich will sie! Gib sie mir, und ich werde dir für das schreckliche Durcheinander, in das dein Leben hineingeraten ist, Schönheit schenken.» Gott selbst ist die alternative Realität für alle, die zerbrochen und zerschlagen sind. In der Offenbarung Seines Sohnes Jesus können die Menschen die Freude und Erfüllung für die Sehnsucht ihrer Herzen finden. Ihr Leben kann durch regelmäßige Begegnungen mit der Schönheit und Herrlichkeit Gottes, wie sie im Angesicht Jesu ist, verändert werden (2. Korinther 4,6).

DIE SCHÖNHEIT GOTTES – UNSERE FASZINATION

Die Schönheit und der Glanz des Herrn ist für uns mehr als nur ein göttliches Austauschprogramm, obgleich es dies zum Teil tatsächlich ist. Gott möchte viel mehr tun, als unser Elend gegen Seine Majestät auszutauschen. Es ist die Berufung des Volkes Gottes, die Herrlichkeit des Herrn zu schauen. Sein Glanz soll das Hauptaugenmerk Seines Volkes sein. Er will, dass wir täglich von Seiner Schönheit und Herrlichkeit fasziniert sind. Wir haben Verheißungen und Aufgaben, die für unser jetziges Leben gelten. Manche von uns werden Seelsorger in Gemeinden sein, andere werden den Armen dienen und wieder andere werden das Reich Gottes mittels Finanzen voranbringen. Dies sind Aufgaben, die Gott für uns in diesem Leben vorgesehen hat, aber sie währen nicht ewig. In diesen Rollen finden wir ein gottgegebenes Maß an Erfüllung, aber an einem bestimmten Punkt werden diese Aufgaben erledigt sein. Als unsterbliche Seelen, die in einer vergänglichen Welt agieren, müssen wir nach etwas Ewigem Ausschau halten, das unsere Herzen bis in alle Ewigkeit fasziniert. Und wir können damit beginnen, diese Faszination schon jetzt zu kultivieren.

Ich habe viel zu Unterhaltungsprogrammen und irdischen Aufgaben gesagt. Ich möchte jedoch nicht all diesen Dingen ihre Rechtmäßigkeit absprechen. Sie sind nicht alle unwichtig oder gar schlecht, aber sie sind einfach den höheren Freuden Gottes unterlegen. Gott will Menschen von der Lüge befreien, die sie glauben lässt, dass ihre vorübergehenden Aufgaben alles sind, was dieses Leben zu bieten hat. Wir sind zu etwas Größerem berufen – und nicht zu etwas *Geringerem*.

Jeder, der schon mal ein fünfjähriges Kind gesehen hat, das sich dagegen wehrt, ins Bett zu gehen, weiß, warum sich das Kind dagegen sträubt. Es verabscheut nicht den Schlaf, es hat einfach nur Angst, dass es etwas verpasst. Es rennt im Kreis, singt Lieder, hat einen Wutanfall, ist trotzig und fängt an, mit einem der Geschwister zu streiten, um zu vermeiden, dass es schlafen muss. Es ist davon überzeugt, dass genau in dem Moment, wo es einschläft, die echte Party anfängt: Mama und Papa rollen den Teppich zurück, eine Band taucht aus dem Nichts auf und Partygäste kommen hereinspaziert. Natürlich haben Mama und Papa das nicht vor, aber für das Kind ist diese Angst real. Manche Leute wachsen nie aus dieser Angst heraus. Sie können sich nicht vorstellen, ins Büro zu kommen und jemanden über einen Film reden hören, den sie noch nicht gesehen haben, oder über ein Lied, das sie noch nicht gehört haben. Sie hungern nach Erlebnissen und stecken ihre Hauptenergie in die zeitlichen, niederen Freuden dieses Lebens, und währenddessen verpassen sie die höheren Freuden Gottes. Sie haben keine Zeit, von der Schönheit und Herrlichkeit Gottes fasziniert und gefesselt zu werden, weil sie völlig von dem eingenommen sind, was sie selbst erreichen können.

Was für den Bereich der Unterhaltung gilt, trifft auch auf geistliche Dienste oder weltliche Arbeit zu. Viele Menschen liegen nachts wach und sinnen über die Fragen nach: «Was, wenn ich meine Chance verpasse? Werde ich im richtigen Moment da sein, um die wichtigen Leute zu treffen oder das *eine* Telefongespräch entgegennehmen, das mir die Türen öffnet?» Es kann schon sein, dass Gott dir die Türen öffnen oder dich befördern will. Aber ich kann dir versichern: All diese Beförderungen sind genauso wie Unterhaltungsprogramme – letztendlich gehören sie zu den niederen Freuden. Sie sind immer noch *geringer* als Gottes Freuden, und ohne die Faszination von Gott sind sie letztendlich nichts wert.

Menschen, die nach Unterhaltung suchen oder Positionen und Beförderungen anstreben, haben nicht die Energie, sich beharrlich der Schönheit und Herrlichkeit Gottes hinzugeben. Der Tag hat einfach zu wenig Stunden. Wenn sie wirklich die Erfüllung ihrer Sehnsucht nach Faszination finden wollen, müssen sie die gleiche Zielstrebigkeit wie David haben, «danach zu trachten ... die Schönheit und Herrlichkeit des Herrn zu schauen.» Genau das ist es, wonach Gott sucht. Er hat die Antwort auf alle falschen Freuden. Durch die Menschheitsgeschichte hindurch hat Gott die elegante Geschichte der Erlösung gewoben, um uns zum Staunen zu bringen, damit wir voller Bewunderung auf Ihn schauen und von Seinen Wegen fasziniert sind. Und noch viel wichtiger – diese Geschichte steuert rapide auf den Höhepunkt am Ende der Tage zu: der Enthüllung der Herrlichkeit Seines Sohnes. An diesem Tag werden wir das endgültige Maß an Schönheit für unsere Asche bekommen.

Gott hat nicht für uns vorgesehen, dass wir ein Leben lang zähneknirschend den niederen Freuden widerstehen. Er wusste, dass wir mit purer Willenskraft nicht auskommen würden, deshalb hat Er die höheren Freuden geschaffen. Freude und Begeisterung ist das, was uns dazu motiviert, die niederen Dinge dieses Lebens loszulassen und uns Jesus ganz hinzugeben. Die gewaltigste Erfahrung aller Zeiten ist, wenn Gott sich dem menschlichen Herzen selbst offenbart. Neben dieser «göttlichen

Faszination» wird jede irdische Unterhaltung und menschliche Leistungen völlig verblassen. Wenn wir Ihn immer mehr in Seiner Herrlichkeit und Seiner Pracht sehen, dann wird Langeweile kein Problem mehr für uns sein.

Die Bibel sagt uns, dass unser Verlangen nach Faszination durch die Schönheit und den Glanz Jesu gestillt werden kann. Wenn wir uns dazu hingeben, ein heiliges Leben zu führen und die höheren Freuden in der Erkenntnis Gottes zu suchen, dann hat Gott eine große Verheißung für uns – *unsere Augen werden den König in Seiner Schönheit sehen* (Jesaja 33,17). Wenn wir uns dem Herrn hingeben, trägt das immer seine Früchte. Wenn wir danach trachten, dem Anblick Seiner Herrlichkeit nachzujagen, profitieren wir davon kurzfristig und langfristig: Er stillt unsere Sehnsucht nach Faszination und baut gleichzeitig unsere Fähigkeit zur Faszination aus. Egal, wie herrlich und schön Jesus schon jetzt für uns ist (und Er ist es wirklich genug, um all unsere Erwartungen zu sprengen), so werden wir doch immer und immer mehr von Seiner Schönheit und Seiner Herrlichkeit empfangen. Er gibt uns einen Vorgeschmack von dieser wachsenden Offenbarung Seiner Herrlichkeit und sagt uns: «Jage Mir nach. Ich habe höhere Freuden, die du nie auf Erden finden wirst. Und Ich habe noch viel größere Dinge für dich im kommenden Zeitalter.» (Matthäus 6,31-34; Markus 10,29-30; Lukas 18,29-30).

Ein erfüllter, faszinierter Gläubiger ist geistlich stark und resistenter gegen die verführerischen Methoden des Feindes. Er widersteht vielen Gelegenheiten zur Sünde, die sich ihm bieten – aber nicht, weil er denen moralisch überlegen ist, die in die Falle der Sünde tappen, sondern weil er von der Herrlichkeit Gottes so fasziniert ist, dass er von den niederen Freuden nicht abgelenkt werden kann. Die verführerischen Methoden des Feindes werden dann schnell als das entlarvt, was sie in Tat und Wahrheit sind: unbefriedigende Ablenkungen von dem, was wirklich Erfüllung bringt.

Die Herrlichkeit Gottes erreicht ihren Höhepunkt in der Offenbarung Jesu als unseren Bräutigam und König. Der überwältigende Glanz des Bräutigam-Königs wird die Herzen der Endzeitgemeinde faszinieren und sie dazu befähigen, jegliche Art der Verfolgung und Trübsal zu erdulden und in Liebe standzuhalten (2. Thessalonicher 1,3-12). Sogar im Angesicht des Todes werden Gläubige ihre Augen auf den Einen richten, der bald wie ein Blitz am Himmel erscheinen und mit Seinem Glanz Seinen Feind vernichten wird (2. Thessalonicher 2,8). Die mit Herrlichkeit und Pracht erfüllte Person Jesu wird der Brennpunkt der Heiligen in dieser Zeit sein und ihre Herzen werden mit einer heiligen Faszination brennen, indem sie ihren Blick auf Seinen unvergleichlichen Glanz richten. Das ist ein Zentralthema des Reiches Gottes – die Verheißung des Herrn, die Herrlichkeit Jesu denen auf einzigartige Weise zu offenbaren, die Seine Wiederkehr sehen werden.

Auch wenn der Großteil der Gemeinde Christi im Westen ihr Staunen und ihre Faszination für Gott verloren hat, wird der Herr diese Faszination für sich wieder wecken. Die passive, stagnierte, geistlich stumpfe Gemeinde im Westen wird erweckt werden, indem Gott sich noch einmal offenbart. Sogar jetzt setzt Er eine neue Salbung in der Gemeinde frei, die die Gläubigen dazu befähigt, Jesu Glanz und Schönheit wahrzunehmen. Durch das Braut-Paradigma im Reich Gottes offenbart Er die Herrlichkeit Jesu als Bräutigam-Gott. So werden die niederen Freuden hinfällig, denn Seine himmlische Pracht wird die Endzeitgemeinde in Staunen versetzen.

Pornografie, Reichtum oder Selbstverherrlichung sind für einen Menschen nicht attraktiv, der von Jesus Christus fasziniert ist. Gott dienen ist viel mehr, als nur die Zähne zusammenzubeißen und zu versuchen, dem Bösen standzuhalten. Wenn wir die Schönheit Jesu erkennen, werden wir von einer übernatürlichen Kraft im inneren Menschen gestärkt. Auch der politische Geist, der über so viele Jahrhunderte hin so markant in der Kirche agiert hat, wird nur durch eins besiegt werden: eine heilige Voreingenommenheit, *eine* Faszination von der Herrlichkeit Jesu Christi. Diejenigen, die eine gute Stellung haben oder in der Politik mitmischen, werden ihre gewichtigen Positionen als zweitrangig ansehen und bekennen: «Ich bin von Jesus fasziniert!»

Jesus selbst wird die Gemeinde auf den Kopf stellen, indem der Heilige Geist die Schatzkiste Seiner Herrlichkeit und Seines Glanzes öffnet. Die Gemeinde wird den Mann Jesus leidenschaftlich lieben und es als ihre Ehre ansehen, alles für Ihn aufzugeben. Der Vater hat vorgesehen, das menschliche Herz mit der mächtigsten Waffe zu fesseln, die Er besitzt: die Offenbarung der Erkenntnis Jesu durch die Kraft des Heiligen Geistes.

Oft höre ich Menschen sagen: «Ich habe keine Zeit dazu, Zeit im Gebet und im Wort zu verbringen.» Der Grund, warum sie keine Zeit haben, ist ihre Unkenntnis. Sie wissen nicht, was Gott für sie bereit hat, wenn sie auf Ihn warten. «Stille Zeit» dient uns nicht als Verhandlungsvorteil, um Gottes Aufmerksamkeit zu bekommen. Denn darum geht es nicht. Sie ist der Weg zur Freude, zu Seiner Kraft und zu einem bezauberten Herzen! Indem Gott Seinen Sohn offenbart, fasziniert Er Sein Volk über alle Maßen. Diese Faszination dient als heiliger Schutzmechanismus gegen die Verführungen des Feindes und stärkt die Gläubigen in der Motivation, sich der Herrlichkeit und dem Glanz Jesu entgegenzustrecken. Und dieser Glanz hält an, wenn alles andere verblasst.

KAPITEL DREI

DIE SEHNSUCHT NACH SCHÖNHEIT

Literaturwissenschaftler und Schriftsteller Christopher Morley sagte einst: «Im Herzen eines jeden Menschen schlummert etwas, das auf die Vibrationen von Schönheit reagiert.» Wenn das wahr ist, wenn Schönheit eine Sehnsucht ist, die sich in einem jeden Menschen verbirgt, kann sie dann nur in der Ewigkeit gestillt werden? Das Herz ist eine Resonanz-Kammer, eine von Gott geschaffene Leere, die dazu bestimmt ist, mit der Schönheit Gottes gefüllt zu werden und sie wieder zu reflektieren. Der anmutige Gott hat uns zur Schönheit geschaffen, um Seine Anmut widerzuspiegeln. Schönheit geht nicht aus uns selbst hervor, sondern es ist Gottes Schönheit, wir können sie nicht produzieren – wir können nur Seine Schönheit widerspiegeln.

GOTT VERLEIHT UNS SEINE SCHÖNHEIT

Wir haben eine starke Abneigung dagegen, uns «nicht schön» oder gar hässlich zu fühlen. Wir investieren viel Zeit und Geld, um all das aufzupolieren, was wir an uns selbst unattraktiv finden. Wir pudern und kämmen uns, glätten und decken ab, damit wir so gut wie nur möglich aussehen. Wir sehnen uns danach, attraktiv und schön zu sein. Diese Sehnsucht ist ein Ausdruck von Gottes Wesen und Persönlichkeit. Der Gott voller Glanz und Schönheit hat uns so geschaffen, dass auch wir Schönheit besitzen und Ausstrahlung haben wollen. Wir werden von Schönheit wie von einem Magneten angezogen und wir sehnen uns danach, das Schöne anzuschauen. Gott wird diese Sehnsucht stillen und unsere kühnsten Vorstellungen von Schönheit sprengen. Wir wurden alle dazu geschaffen, schön vor Gott zu sein und uns schön zu fühlen – und diejenigen, die das auf aufrichtige Weise tun, strahlen etwas ganz Besonderes aus. Wenn uns der Heilige Geist offenbart, wie Gott uns sieht, dann verändert sich etwas tief in unserem Herzen. Unsere Prioritäten und Werte ändern sich. Die Offenbarung der Schönheit Gottes beinhaltet nämlich zwei Aspekte: die Schönheit Jesu, unseres Bräutigams, und die Schönheit Seiner Braut.

An dieser Stelle dürfen wir jedoch nicht denken, dass die Sehnsucht nach Schönheit nur ein weibliches Phänomen ist: Männer geben derselben Sehnsucht einen anderen Namen. Sie würden es eher als Verlangen bezeichnen, *cool* zu sein. Der Impuls des Herzens ist jedoch derselbe und die Antwort auf dieses Verlangen, cool oder schön zu sein, ist die wunderbare Nachricht, dass Gott Seine Schönheit Seinem Volk durch die Erlösung verleiht. Seine Schönheit ist durch Jesus auf Menschen übertragbar. Wenn wir uns näher damit beschäftigen, dann entdecken wir ein unglaubliches Konzept! Gott verleiht Seine eigene Schönheit ehemals zerbrochenen, hoffnungslosen, von Sünde getriebenen und sogar dämonisierten Menschen durch Seine Erlösung.

Diese Sehnsucht nach Schönheit hat einen enormen Einfluss darauf, wie wir unsere Zeit verbringen und unser Geld ausgeben. Jeden Tag werden Millionen an Dollars für die Pflege körperlicher Schönheit investiert: die Haare werden gestylt, Kleider gekauft, Mitgliedschaften in Fitnessstudios verlängert, Diäten angefangen – alles um der Schönheit willen. Die meisten Menschen betreiben einen großen Aufwand, um schön zu sein, weil sie das unangenehme Gefühl abschütteln wollen, das sie haben, wenn sie sich hässlich oder unansehnlich finden. Rigoros jagen sie dem Schönen nach und lehnen alles ab, was nicht perfekt zu sein scheint. Um diese Sehnsucht zu stillen, hat unsere Kultur eine ungesunde, zerstörerische Fixierung auf äußere Erscheinung und körperliche Schönheit hervorgerufen. Die säkulare Schönheits- und Kosmetikindustrie zielt genau auf dieses Verlangen im menschlichen Herzen ab und beutet es völlig aus: Frustration und Selbstablehnung folgen dem säkularen Standard Schritt für Schritt. Die Werbung kreiert unrealistische Maßstäbe, nach denen wir andere und uns selbst beurteilen. Die von Modemachern generierten und per Computer aufpolierten «Models» in den Zeitschriften und die verdrehte, willkürliche Definition von

Schönheit gaukeln den Menschen ein falsches Bild vor. Und sie sind frustriert, weil sie diesem Maßstab von Schönheit nicht entsprechen.

Es ist durchaus richtig, seine körperliche Erscheinung zu pflegen. Es gibt jedoch einen gesunden Rahmen – mehr ist nicht immer besser. Die Fixierung auf körperliche Schönheit steuert in der westlichen Kultur auf einen Höhepunkt zu. Viele Menschen entwickeln zwanghafte Verhaltensmuster und bewegen sich auf diesem Gebiet außerhalb der gesunden Grenzen Gottes; Nützliches geht über in Maßlosigkeit. Manche Leute stecken übermäßig viel Zeit und Geld in Kosmetika, Modekleidung, Schönheitsoperationen und Fitness. Wenn wir natürliche Schönheit außerhalb von Gottes Gnade suchen, dann überfordern wir uns und setzen uns selbst unter Druck. Viele sexuelle Störungen und Essstörungen sind mit einer Fixierung auf körperliche Schönheit verbunden, die die schützenden Grenzen von Gottes Wort überschreitet.

Die Nichtigkeit und Frustration, die in diesem Sinne mit Schönheit verbunden ist, hat dazu geführt, dass einige Menschen Schönheit an sich als schlecht verurteilen. Sie setzen die Sehnsucht nach Schönheit mit Oberflächlichkeit gleich. Manche religiöse Menschen haben die Sehnsucht nach Schönheit als falsch und böse erklärt. Aber nichts ist weiter von der Wahrheit entfernt als das – Gott selbst ist die Quelle und der Ursprung aller Schönheit. Genau in diesem Augenblick sitzt ein Gott voller Majestät, Schönheit und Pracht auf einem Thron in der unsichtbaren Welt. Er strahlt voller Glanz und ein reiner Strom von Leben spendendem Wasser fließt von Seinem Thron. Das ist kein Computer generiertes Bild – hier sitzt kein Macher hinter dem Bildschirm und manipuliert die Darstellung – das ist nicht Hollywood. Gottes Schönheit und Glanz sind total real, realer als alles, was wir je erlebt haben. Sich diese Realität Gottes vorzustellen, scheint uns nicht leicht zu fallen und wir haben noch mehr Mühe damit zu erkennen, dass Er *uns* diese gleiche atemberaubende Schönheit verleihen will. Seine Schönheit ist ein Teil Seiner Gabe an uns. Seine Schönheit – strahlend voller Glanz, rein und vollkommen – wurde uns menschlichen Wesen durch Seinen Sohn übertragen. Diese Übertragung ist ein grundlegendes Element der Erlösung, ein Teil Seines wunderbaren Planes.

SEINE SCHÖNHEIT FÜR UNSERE ASCHE

Im vorigen Kapitel haben wir den Abschnitt in Jesaja betrachtet, in dem Gott Seinen Plan für uns beschreibt:

> Der Geist Gottes des HERRN ist auf mir, weil der HERR mich gesalbt hat. Er hat mich gesandt, den Elenden gute Botschaft zu bringen, die zerbrochenen Herzen zu verbinden ..., Schmuck[7] statt Asche zu geben ...
>
> Jesaja 61,1-3

Asche ist für nichts mehr zu gebrauchen. Doch was bedeutet es, Asche zu haben und warum haben wir sie? Sie ist ein Abfallprodukt unserer sündhaften Entscheidungen, weil wir uns von der Leidenschaft falschen Dingen gegenüber haben verzehren lassen. Das Leben mancher Gläubiger gleicht einem Haufen Asche, auch noch lange nachdem sie den Herrn angenommen haben. In der Mitte ihres Lebens stehen sie plötzlich mit nichts da – oder noch schlimmer, mit den Trümmern von kaputten Beziehungen, Enttäuschungen und Schulden. Es spielt keine Rolle, wie sie dahin gekommen sind, aber an einem bestimmten Punkt erkennen sie, dass ihr Leben nur aus einem Haufen Asche besteht. Und dann kommt die Frage: «Was ist mit mir noch anzufangen? Wer will mich mit diesen Trümmern noch haben? Was ich getan habe ist so ... abscheulich, so hässlich.» Niemand will unsere Asche. Niemand – außer Gott. Und wenn Er sie nimmt, dann tauscht Er sie gegen Seinen Schmuck, gegen Seine Schönheit ein.

Gott hat Jesus auf die Erde gesandt, um einen göttlichen Tausch anzubieten, den Menschen niemals hätten inszenieren können. Seit dem Sündenfall haben Menschen immer wieder Entscheidungen getroffen, die ihr Leben zu einem Haufen Asche

7 Das Hebräische Wort an dieser Stelle kann sowohl mit *Schmuck* als auch mit *Schönheit* übersetzt werden. Vgl. Strong's Exhaustive Concordance # 6287.

und Trümmern reduziert haben – zu unnützem Schutt, den niemand mehr gebrauchen kann oder haben will. Erst im Garten Eden, dann beim Turmbau zu Babel und erneut in den Tagen Noahs haben die Menschen immer wieder ihre Hoffnung auf eine zukünftige Herrlichkeit und Schönheit durch ihr eigenes selbstsüchtiges Handeln zerstört. Dieses Verhaltensmuster zieht sich bis heute durch die Menschheitsgeschichte hindurch und lässt kein Zeichen von Besserung erkennen.

Während der Reformation hat Martin Luther das evangelikale Christentum mit der grundlegenden geistlichen Wahrheit der *Erfahrung der Wiedergeburt* belebt. Leider haben so all die Jahrhunderte dieser evangelikalen Betonung dazu geführt, dass die Gemeinde Christi im Westen die *Fülle der Erlösung* aus den Augen verloren hat. Wir haben uns auf die zukünftigen Verheißungen des ewigen Lebens und der Vergebung der Sünden konzentriert und uns sozusagen damit abgefunden, in der diesseitigen Asche zu leben, bis wir eine kleine Wohnung am Rande der Ewigkeit empfangen, irgendwo im großen Jenseits. Aber Gott verheißt, uns Seine Schönheit im Austausch gegen unsere Asche zu schenken. Er sagt, dass Er das tiefe Verlangen nach Schönheit schon jetzt in diesem Leben stillen wird. Er nimmt die Trümmer unseres Lebens und gibt uns das, was Er für unsere Herzen vorgesehen hat – die Schönheit Gottes. Als wir gläubig wurden, wurden wir nicht nur vor der Hölle gerettet. Wir wurden eine neue Schöpfung, die schön ist und die vor dem Rest der Schöpfung Gottes Schönheit ausstrahlt.

Da viele Menschen ein falsches Bild von Schönheit und dem Verlangen nach Schönheit haben, verleugnen sie ihren Wunsch danach gänzlich. Wir geben vor, dass wir nicht so oberflächlich und schal sind, um uns von Schönheit ablenken oder gar bestimmen zu lassen. Doch wenn wir uns plötzlich beispielsweise ein Auto nach Wunsch aussuchen könnten, dann würden wir sicherlich eines wählen, das man als exotisch oder grandios bezeichnen würde. Das Modell, die Lackierung, die Scheinwerfer, die Innenausstattung und das Design – Schönheit und Attraktivität platzt aus allen Nähten! Wir wählen auch unsere Kleidung nach dem Schnitt, Stoff und makellosen Sitz aus, der unser Profil in etwas Anziehendes verwandelt und uns ein Gefühl von Luxus und Attraktivität verleiht. Viele wählen auch ihren Partner aufgrund des äußeren Erscheinungsbildes aus – zumindest am Anfang, und manchmal sogar ausschließlich. Wenn wir jedoch herausfinden, dass diese Art von Schönheit in unseren Herzen eine Leere hinterlässt, dann wollen wir nichts mehr von diesem Verlangen nach Schönheit wissen, anstatt gegen die falsche Methode vorzugehen, mit der wir versucht haben, dieses Verlangen zu stillen. Manche sind sogar so weit gegangen, dass sie jeder Art von natürlicher Schönheit abgeschworen haben.

MANIFESTATION VON INNERER SCHÖNHEIT

Wenn Gläubige erkennen, dass ihre Sehnsucht nach Schönheit von Gott gegeben ist, geschieht etwas. Anstatt ihr Verlangen nach Schönheit zu verleugnen, fangen sie an, die Erfüllung für diesen Drang bei Gott zu suchen. Und in diesem Moment vollzieht sich in ihnen ein Wandel. Es ist so, als ob sich in ihrem Herzen eine Türe öffnet. Sie entdecken die Schönheit in ihrem eigenen Leben, die ein Pfand ist für das, was noch kommen wird. Die innere Schönheit Gottes manifestiert sich in uns ganz unterschiedlich und führt dahin, dass sich sogar unser Gesichtsausdruck verändert. Geistliche oder innere Schönheit hinterlässt ihre Spuren in unserem körperlichen Erscheinungsbild, indem sie unser Angesicht aufleuchten lässt und unsere Persönlichkeit verändert.

Demgegenüber sind viele Krankheiten mit Angst und Wut und den Hässlichkeiten wie Stolz und Bitterkeit verbunden. Diese negativen Haltungen haben einen *großen* Einfluss auf unseren Körper und können sogar unsere äußere Erscheinung verändern. Petrus schrieb, dass die innere Schönheit Gottes eine nachhaltige Wirkung auf unseren Umgang miteinander hat.

> Nicht auf äußeren Schmuck sollt ihr Wert legen … sondern was im Herzen verborgen ist, das sei euer unvergänglicher Schmuck[8]: ein ruhiges und sanftes Wesen. Das ist wertvoll in Gottes Augen.
>
> 1. Petrus 3,3-4

8 Der englische Bibeltext übersetzt hier das Wort *beauty*: *Schönheit*.

Gott wird uns im kommenden Zeitalter vollkommene Schönheit verleihen, aber wenn wir einen strahlenden Geist haben, dann hat dies bereits in diesem Leben seine Auswirkung auf uns. Sie ist zwar begrenzt, aber real. Wenn unser Geist schön ist, dann wird auch unsere äußere Erscheinung von dieser Schönheit berührt. Ein Mensch, der einen strahlenden Geist der Gerechtigkeit hat, strahlt in seinem Angesicht etwas Besonderes aus. Wir sind wahrscheinlich alle schon einmal einer Person begegnet, die äußerlich attraktiv und schön, innerlich aber hochmütig und arrogant war. Es dauert nicht lange und wir finden diese Person dann nicht einmal mehr attraktiv – ihre äußeren Attribute verblassen, weil die innere Schönheit fehlt. Wenn man bei äußerlich attraktiven Menschen etwas an der Oberfläche kratzt, kann oft ein unattraktiver Kern zum Vorschein kommen. Anders herum, wenn wir Menschen kennen lernen, die uns auf der Straße nicht weiter auffallen würden, die aber einen sanften Geist haben, entdecken wir oft eine besondere Schönheit in ihnen. Sie strahlen Schönheit von innen aus. Ihre innere Schönheit ist Teil unseres Erbes von Gottes Schönheit und Herrlichkeit. Und dieses Erbe empfangen wir teilweise schon jetzt. Sowohl Gläubige als auch Ungläubige finden eine sanfte Person, die die Schönheit Gottes ausstrahlt, anziehend wie einen Magneten. Moses bat, dass die Schönheit des Herrn durch Sein Volk sichtbar würde. Er schrieb:

> Die Freundlichkeit[9] des Herrn, unseres Gottes, sei über uns ...
>
> Psalm 90,17

Warum tut Gott das? Aus welchem Grund sollte ein göttlicher König Seine Schönheit und Herrlichkeit mit Seinen Untergebenen teilen? Die Antwort darauf liegt nicht unbedingt auf der Hand, denn in anderen Weltreligionen sind die jeweiligen Götter mehr an Almosen und der Kontrolle über ihre Nachfolger interessiert, als daran, ihnen etwas Gutes zu tun oder sie zu

9 Im Hebräischen Text steht hier das Wort *nô'am*, das sowohl mit *Schönheit* und *Anmut* als auch mit *Freundlichkeit* übersetzt werden kann (Vgl. Strong's Concordance #5278).

beschenken. Eines der vielen Dinge, die den wahren Gott von den falschen Göttern unterscheidet, ist die Verheißung, uns mit Seiner Schönheit zu schmücken. Es ist ein Ausdruck Seiner Zuneigung und Seiner Freude an uns.

> Denn der HERR hat Wohlgefallen an seinem Volk. Er *schmückt* die Demütigen mit Heil.
>
> Psalm 149,4

Gott hat Gefallen an dir. Nimm dir einen Moment und füge deinen Namen in den Satz ein.

Gott hat Gefallen an mir, ...

Für viele Menschen ist das schwer zu begreifen: ein Gott, der Gefallen an Seinem Volk hat. Er ist alles andere als gleichgültig. Sein Herz wird von denen erwärmt, die zu Ihm kommen und Hilfe suchen. Es gefällt Ihm, sie mit Schönheit zu schmücken.

Viele Menschen fühlen sich nicht schön oder begehrenswert. Selbst die, die attraktiv sind, glauben und behaupten oft, dass niemand sie für ansprechend hält. Die meisten Väter haben mindestens schon einmal eine Äußerung wie diese durch die Badezimmertür gehört: «Papa, ich kann heute nicht zur Schule gehen. Ich sehe schrecklich aus!» Obwohl die Kinder vielleicht sehr attraktiv sind, haben sie doch irgendwie das Gefühl, dass das Fehlerhafte an ihnen wie in einem Vergrößerungsglas erscheint und hundertfach überwiegt. Und so ergeht es den meisten von uns, wenn wir vor Gott stehen. Wir fühlen uns nicht attraktiv. Falsche Haltungen, Worte und Taten rasen durch unseren Kopf, wenn wir vor Ihn kommen, und wir sehen nur noch den Kontrast zwischen Seiner Heiligkeit und unserer Sündhaftigkeit. Die Offenbarung eines anmutigen Gottes, der uns mit Seiner Anmut schmückt, verändert uns jedoch grundlegend. Sie verändert die Art und Weise, wie wir Gott und anderen Menschen begegnen. Wenn Er denkt, dass wir schön sind, dann spielt es eigentlich keine Rolle, ob die anderen dem zustimmen oder nicht! Der König schaut uns an und hat Gefallen an dem, was Er sieht!

Der König verlangt nach deiner Schönheit; er ist dein Herr, verneige dich vor ihm!

Psalm 45,11

Ich gehöre meinem Geliebten und ihn verlangt nach mir.

Hohelied 7,10

Wenn ein Mensch sich vor Gott schön findet, anstatt hässlich und heuchlerisch, dann geschieht etwas Gewaltiges. Er wird frei von den selbst auferlegten Ketten von Schuldgefühlen und Hoffnungslosigkeit. Wo er vorher ein Gebundener der Finsternis war, ist er nun eine Braut des Allerhöchsten. Und weil Gott von Herrlichkeit und Glanz umgeben ist, zeigt Sein Verlangen nach uns, dass wir wirklich und wahrhaftig schön sind.

Es ist erstaunlich, wie Er uns schon jetzt in diesem Leben Seine Schönheit verleiht. Es grenzt immer wieder an ein Wunder, wenn Er etwas Schönes aus der Asche von zerbrochenen Menschenleben hervorbringt. In fast jeder Gemeinde findet man Zeugnisse von geheilten Beziehungen, wiederhergestellten Ehen, von Verlorenen, die zum Vaterhaus Gottes zurückgefunden haben und von Menschen, die zuversichtlich vor Gott stehen können aufgrund dessen, was Er in ihrem Leben getan hat. All diese Zeugnisse sind wahrhaftig, aber sie spiegeln nur einen Bruchteil der Schönheit und Fülle wider, die Gott für uns hat. Die Schönheit, in die wir schon jetzt hineinwachsen, wird sich im zukünftigen Zeitalter fortsetzen und all unsere Vorstellungskraft übersteigen; sie wird größer und herrlicher und ist direkt mit unserem jetzigen Leben auf Erden verbunden.

GOTTES HERRLICHKEIT IN UNS

Gottes Herrlichkeit und Schönheit in uns ist ein gewaltiges Thema. Es gibt körperliche und geistliche Schönheit, vergängliche und unvergängliche Schönheit. Im zukünftigen Zeitalter wirst du eine körperliche Schönheit besitzen, die die der Engel übersteigt. Gott wird ohne Zweifel die Hauptattraktion von Herrlichkeit und Schönheit sein, aber wenn Er eine herrliche Braut vor sich stellen wird, dann werden die Engel vor Staunen entzückt sein. Aufgrund des Werkes Jesu wirst du für immer eine unvergleichliche körperliche, emotionale und geistliche Schönheit besitzen. Du wirst ein schönes Angesicht und ein schönes Herz haben, einen schönen Körper und einen schönen Geist. In deinem Auferstehungsleib wirst du eine unvorstellbare körperliche Schönheit für alle Ewigkeit besitzen, die all deine Vorstellungskraft übersteigt. Der schöne, herrliche Gott hat das von Anfang an so geplant.

An diesem Vorhaben arbeitet Gott schon lange. Als Er Jesus von den Toten auferweckt hat, gab Er Ihm einen Körper, der makellos ist. Der Auferstehungsleib Jesu ist sowohl körperlich als auch geistlich unbeschreiblich schön. Nachdem Jesus von den Toten auferstanden war, hatte Er die Fähigkeit, durch Wände hindurchzugehen, aber konnte gleichzeitig auch mit Seinen Freunden ein Frühstuck verzehren (Johannes 20,26; 21,12-15). Sein verherrlichter Leib ist eine perfekte Verschmelzung der geistlichen und physischen Welt, und Er hat genauso einen Leib für jeden von uns. Unser Auferstehungsleib wird das Beste sein, was Gott nur schaffen kann – es wird nichts geben, was daran zu verbessern wäre. Bei Seinem zweiten Kommen wird Jesus die natürliche Welt mit der übernatürlichen Welt verbinden (Epheser 1,10; Offenbarung 21,1-2). Unsere neuen Körper werden mit all den Kapazitäten ausgestattet sein, die sie brauchen, um Gottes Herrlichkeit und Schönheit widerzuspiegeln.

> Er wird unseren armseligen Leib verwandeln in die Gestalt seines verherrlichten Leibes, in der Kraft, mit der er sich alles unterwerfen kann.
>
> Philipper 3,21

> … Wenn er offenbar wird, werden wir ihm gleich sein; denn wir werden ihn sehen, wie er ist.
>
> 1. Johannes 3,2

LICHT UND HERRLICHKEIT

Unser ewiger Auferstehungsleib wird dieselben übernatürlichen Eigenschaften haben wie der Leib Jesu. Zum Beispiel trägt Jesus

Gewänder von strahlendem Glanz. Deshalb werden wir in Licht gekleidet sein.

> … Du hüllst dich in Licht wie in ein Kleid …
>
> Psalm 104,2

Jesus konnte auch meisterhaft kommunizieren. Er vermittelte die Wahrheiten so, dass die Hörer sie verstehen konnten – und selbst nach so vielen Jahrhunderten sind die Bedeutungen Seiner Lehren noch nicht erschöpft! Uns werden immer wieder tiefere Dimensionen Seiner Worte deutlich. Zum Beispiel sagte Er: «Ihr seid das Licht der Welt» (Matthäus 5,14). Er bezog sich aber nicht nur auf das strahlende Licht der Gläubigen in diesem Zeitalter auf Erden, sondern auch auf das zukünftige Zeitalter. Er sprach von dem Tag, an dem die Heiligen so sein würden wie Er – der Eine, der das neue Jerusalem und die neue Erde erleuchtet (Offenbarung 21,23).

Das Volk Gottes wird im neuen Jerusalem auch Gottes Licht ausstrahlen. Selbst die besten Hightech-Computer mit der neuesten Technik ausgerüstet, die das einundzwanzigste Jahrhundert zu bieten hat, haben keine Chance, es auch nur ansatzweise zu simulieren, wie Gott Sein Volk mit Licht kleiden wird – und dennoch wird Er es tun. Das ist Sein Plan. Es wird unbeschreiblich schön sein und Licht, strahlender Glanz in aller Farbenpracht werden aus uns hervorleuchten.

> Komm, ich will dir die Braut zeigen, die Frau des Lammes. Er … zeigte mir die heilige Stadt Jerusalem, wie sie von Gott her aus dem Himmel herabkam, erfüllt von der Herrlichkeit Gottes. Sie glänzte wie ein kostbarer Edelstein, wie ein kristallklarer Jaspis.
>
> Offenbarung 21,9-11

> Von denen, die im Land des Staubes schlafen, werden viele erwachen … Die Verständigen werden strahlen, wie der Himmel strahlt … und werden immer und ewig wie die Sterne leuchten.
>
> Daniel 12,2-3

> Dann werden die Gerechten im Reich ihres Vaters wie die Sonne leuchten.
>
> Matthäus 13,43

Unsere zukünftigen Leiber werden mit Gottes Kraft und Herrlichkeit gefüllt sein. Während unser jetziger Körper in Schmach und Abhängigkeit zur Sünde gesät ist, zuweilen auch von Krankheit gezeichnet, so wird er doch in Gestalt der Herrlichkeit Gottes auferstehen. Unsere Körper sind vergänglich – sie werden im Grab verwesen – aber sie werden unvergänglich wieder auferstehen.

> Der Glanz der Sonne ist anders als der Glanz des Mondes, anders als der Glanz der Sterne; denn auch die Gestirne unterscheiden sich durch ihren Glanz. So ist es auch mit der Auferstehung der Toten. Was gesät wird, ist verweslich, was auferweckt wird, unverweslich. Was gesät wird, ist armselig, was auferweckt wird, herrlich. Was gesät wird, ist schwach, was auferweckt wird, ist stark. Gesät wird ein irdischer Leib, auferweckt ein überirdischer Leib. Wenn es einen irdischen Leib gibt, gibt es auch einen überirdischen.
>
> 1. Korinther 15,41-44

Der Apostel Paulus schrieb, dass wir erleben werden, was es bedeutet, in Licht gekleidet und mit unglaublicher Kraft in unseren auferweckten Körpern ausgestattet zu sein. Dieser Leib wird viel schöner und kräftiger sein als der, in dem wir jetzt leben. Wir können uns das nicht vorstellen, denn es sprengt den Rahmen dessen, was wir uns mit unserer natürlichen Vorstellungskraft erdenken können. Wir beurteilen, wie schnell wir laufen können, indem wir uns damit vergleichen, wie schnell jemand anders die gleiche Strecke läuft. Jetzt können wir nur verstehen, was wir alles nicht können. Gott aber sagt: «An dem Tag werde ich dir eine Gestalt geben, die keine Begrenzungen kennt.»

Unsere Kultur stellt das zukünftige Leben als eine Art Harfenkonzert auf Wolken dar, wo die Serafim von Wolke zu Wolke schweben und sich gegenseitig Tipps für das Spielen von Wiegenliedern geben, während Cherubime hin- und herfliegen, um uns mit mit kleinen Snacks und Erfrischungen zu versorgen. Langweiliger kann man sich die Ewigkeit kaum vorstellen! Wer will denn für die nächsten Millionen Jahre tagaus, tagein Harfe spielen? Wir werden darauf vorbereitet, an der Seite des Königs zu regieren, und wir werden das in einem neuen Körper tun, der unbeschreiblich schön sein wird. Unsere auferweckten Körper werden übernatürliche Fähigkeiten besitzen und in den Bereichen von Kommunikation, Kraft, Intuition, Verstand und praktischen Fähigkeiten Bedeutendes leisten. Vielleicht werden wir die Fähigkeit haben, uns in vielerlei Sprachen zu unterhalten. Unsere Ausdrucksmöglichkeiten durch Musik und Poesie werden grandios sein. Wir werden die Instrumente spielen können, die wir schon immer spielen wollten, um Gottes Herrlichkeit Ausdruck zu verleihen – und wir werden sie vortrefflich spielen können. Wir werden mit unseren fünf Sinnen übernatürliche Fähigkeiten haben. Unsere Augen werden eine unglaubliche Stärke besitzen und auf weite Entfernungen hinaus scharf sehen können. Wir werden fähig sein, ganz klar und deutlich zu hören, egal wie laut oder leise der Klang ist. Unsere Geschmackssinne werden Köstlichkeiten zu schmecken bekommen, wie wir es uns nicht vorstellen können. Der Grund, warum Gott uns dann noch mit Nahrung versorgen wird, ist einfach – damit wir es mit Ihm genießen können. Gott wird verherrlicht werden, wenn wir in Ewigkeit mit Ihm speisen.

> Ob ihr nun esst oder trinkt … tut alles zur Verherrlichung Gottes.
>
> 1. Korinther 10,31

Unser Tastsinn wird die Fähigkeit haben, perfekt zu fühlen und Objekte mit klarer Deutlichkeit zu unterscheiden. Unser Geruchssinn wird uns erlauben, unbeschreiblich zu genießen und genau das wahrnehmen zu können, was in unserer Umgebung geschieht. Die Schnelligkeit und Ausdauer unserer Körper wird übernatürlich sein. Wir werden im Stande sein, viele Stunden zu arbeiten und aktiv zu sein, ohne zu ermüden oder sich ausgelaugt zu fühlen. Es wird keine Erschöpfung geben, keine Krankheit und keinen Tod. Wir werden zu jeder Zeit ausreichend Energie haben. Die Entrückung des Philippus von einem Ort zum anderen ist wohl eines der besten Beispiele dafür, wie es später vermutlich sein wird.

> Als sie aber aus dem Wasser heraufstiegen, entrückte der Geist des Herrn den Philippus; und der Kämmerer sah ihn nicht mehr, denn er zog seinen Weg mit Freuden. Philippus aber fand man zu Aschdod ...
>
> Apostelgeschichte 8,39-40

Gott ist nicht nur daran interessiert, den einzelnen Menschen Schönheit zu verleihen; Er bereitet die Schönheit Seiner Braut als Ganzes vor. Der Vater bereitet Seinem Sohn mit voller Hingabe eine herrliche, schöne Braut.

> Und ich sah die heilige Stadt, das neue Jerusalem, aus dem Himmel von Gott herabkommen, bereitet wie eine für ihren Mann geschmückte Braut.
>
> Offenbarung 21,2

Was für eine seltsame Formulierung, eine Stadt mit einer Braut zu vergleichen. Johannes sprach jedoch von der Herrlichkeit des neuen Jerusalem in Bezug auf seine Einwohner. Die Ewige Stadt wird wegen ihrer Einwohner als die Braut bezeichnet. Selbst die Städte von heute sind bekannt durch die Eigenschaften ihrer Bewohner. Auch wenn die Städte selbst nur aus Gebäuden, Straßen und Bäumen bestehen, so spricht man doch von einer Stadt, dass sie freundlich oder unfreundlich sei. Der Ruf einer Stadt basiert auf dem Wesen der Einwohner. Eine Stadt, die als großzügig angesehen wird, wird so beschrieben, weil die Einwohner großzügige Menschen sind. An dem Tag, an dem das neue Jerusalem aus dem Himmel herabkommt, wird seine Herrlichkeit mit nichts zu vergleichen sein, was wir auf Erden kennen. Das neue Jerusalem wird herrlich sein, weil das Wesen der Einwohner herrlich und schön ist. Die Braut Christi, die Krönung und Herrlichkeit aller Geschöpfe, wird mit Glanz und Pracht hervorstrahlen, wenn sie die Stadt regiert.

Die Bezeichnung «herrliche und schöne Braut» hat weitreichende Auswirkungen. Eine Braut ist kein Kumpel und sie ist mehr als nur eine Freundin. Eine Braut hat einen völlig anderen Bezug zu den Besitztümern ihres Bräutigams. Was ihr Bräutigam Sein Eigen nennt, wird auch ihr gehören. Sie entwickelt ein Eigentumsbewusstsein. Immer wieder sagt uns das Wort Gottes, dass wir Teilhaber an Gottes Herrlichkeit geworden sind. Jesus sagte: «... Die Herrlichkeit, die du mir gegeben hast, habe ich ihnen gegeben» (Johannes 17,22). Jesus hat danach verlangt, uns Seine Herrlichkeit und Schönheit zu verleihen. Der Schreiber des Hebräerbriefes erwähnt denselben Gedanken. Wir werden mit der Krone der Herrlichkeit und Schönheit gekrönt. «... Mit Herrlichkeit und Ehre hast du sie (die Erlösten) gekrönt ...» (Hebräer 2,7).

Wenn die Braut Christi zur Besinnung kommt, wird sie wie der Verlorene Sohn reagieren, der erkannte, wie weit er sich von seinem Zuhause entfernt hatte. «Wird er mich annehmen?» Doch in dem Augenblick der Erkenntnis ihrer eigenen Schwachheit wird Gott kommen und sich an ihre Seite stellen. Er verleiht ihr Würde allein dadurch, dass Er nach ihr verlangt. Denn Sein Verlangen nach ihr macht sie so teuer und wertvoll und setzt ihren Wert fest.

SCHÖNHEITSBEHANDLUNG

Die Heilige Schrift bezeugt uns nicht nur, dass wir eines Tages vollkommen sein werden – so wie Gott uns gewollt hat – sondern sie lehrt uns auch, dass die Prüfungen und Schwierigkeiten von heute dazu beitragen, diese Herrlichkeit bereits in unserem jetzigen Leben Realität werden zu lassen. Unsere gegenwärtigen Nöte und Probleme sind eine Schule besonderer Art – sozusagen eine Schönheitsuniversität – die uns auf ein Leben mit Ihm in Ewigkeit vorbereitet. Je eher wir die Absichten Gottes in diesem Verschönerungs- und Reinigungsprozess erkennen, desto eher unterwerfen wir uns dieser Vorbereitung, egal, wie schmerzhaft sie auch sein mag.

> Denn die kleine Last unserer gegenwärtigen Not schafft uns ein über die Maßen überreiches ewiges Gewicht an Herrlichkeit ...
>
> 2. Korinther 4,17

Im Buch Ester offenbart Gott Seine Absicht, Sein Volk herrlich und schön zu machen. Ester unterwirft sich unzähligen Schönheitsbehandlungen, um sich für den König vorzubereiten. Die Geschichte ist ein prophetisches Bild für die Braut Christi, die sich für ihren König vorbereitet. Wir unterziehen uns in diesem Zeitalter den notwendigen nötigen Schönheitsbehandlungen, so dass wir, wenn der Sohn wiederkommt und Sein Königreich auf Erden errichtet, von Ihm als würdig erachtet werden.

Es ist nicht immer einfach zu erkennen, wie Nöte und Probleme den Weg zur Herrlichkeit und Schönheit bahnen, aber hin und wieder erhaschen wir ein Streiflicht davon im Blick auf das Leben eines Menschen, der durch Schwierigkeiten hindurchgegangen ist und ein Stück dieser Herrlichkeit ausstrahlt. Dennis Byrd ist einer dieser Menschen. Dennis war Abwehrspieler in einem New Yorker Footballteam, das am 29. November 1992 gegen das Team von Kansas City antrat. Dennis befand sich auf dem Höhepunkt seiner Sportlerkarriere. An diesem Tag jedoch prallte er frontal mit einem anderen Spieler zusammen. Der Zusammenstoß war so heftig, dass es Dennis schien, als hätte ein Blitz in seinen Körper eingeschlagen. Plötzlich lag er bewegungslos auf dem Feld und war auf einen Schlag vom Kopf an abwärts gelähmt.

Er unterzog sich unzähligen Operationen und Behandlungen, jedoch ohne sichtbaren Erfolg. Monate später lag er im Zimmer eines Rehabilitationszentrums, als ihn ein Journalist für eine Sonderreportage interviewte. Nachdem er den Werdegang und den Aufstieg von Dennis Karriere notiert hatte, kommentierte der Journalist, dass er einen sehr starken Glauben haben müsse. Dennis sagte leise, «Ja, ich glaube an Jesus Christus.» Als er Dennis fragte, wie er denn seinen Glauben mit einem so schrecklichen Unfall vereinbaren könne, bekam er eine Antwort, die er wohl nicht erwartet hatte. Mit der Überzeugung eines Mannes, der diese Aussage unzählige Male durchdacht hatte, antwortete Dennis mit festem Blick in die Kamera: «Ich bin überzeugt, dass die Leiden der gegenwärtigen Zeit nichts bedeuten im Vergleich zu der Herrlichkeit, die an uns offenbar werden soll.» (Römer 8,18).

In diesem Augenblick zeugte Dennis von einer tiefen Erkenntnis Gottes, die viele Menschen – in weitaus weniger extremen Situationen – nicht erfassen: gerade unsere Prüfungen und Nöte können uns für immer zum Besseren verändern. Dennis hat sein Unglück nicht heruntergespielt, aber er ordnete es in den Kontext der Ewigkeit ein. Er verstand, dass aus seiner körperlichen und emotionalen Zerbrochenheit eine gottgegebene Schönheit hervorgehen würde. Das Gleiche gilt für jeden Einzelnen von uns, der in einer Beziehung mit Jesus lebt – Er ist der Verheißung treu, uns Schönheit für Asche zu geben. Die Schönheit und Herrlichkeit, die Gott uns geben will, ist nicht etwas, was wir aus von Weitem beobachten oder erst in ferner Zukunft bekommen werden. Gott sagt uns in Seinem Wort, dass Seine Schönheit und Herrlichkeit in uns hineingelegt werden kann. Die heidnischen Religionen zur Zeit Jesu bauten Tempel und heilige Stätten, um ihr Konzept von der Gegenwart eines Gottes eine äußere Form zu verleihen. Paulus hingegen schrieb im Epheserbrief, dass die Menschheit als Wohnung Gottes geschaffen wurde.

> … Durch ihn werdet auch ihr im Geist zu einer Wohnung Gottes erbaut.
>
> Epheser 2,22

Indem Gott in uns wohnt, lässt Er Seine Herrlichkeit, Seinen Glanz, Seine Liebe und Seine Schönheit für den Rest der Schöpfung offenbar werden – für alle Zeiten. Es ist ein Geheimnis von kosmischem Ausmaß, dass der heilige Gott nicht nur eine Braut für sich aus dem Staub der Erde schafft, sondern dass Er auch *in* ihr wohnt und ihr auf diese Weise eine Schönheit verleiht, die Seiner grenzenlosen Zuwendung würdig ist.

NEUE SCHÖNHEIT FÜR HERZ UND SINN

Was noch erstaunlicher ist als Gottes Schönheit in uns, ist Sein Leben in uns. Es ist erstaunlich, dass Gott Seine Schönheit mit uns teilt, aber dass Er sogar Sein Leben in uns hineinlegt und es durch uns für andere sichtbar werden lässt, ist noch faszinierender. Gott wohnt in uns und bringt uns mehr und mehr in die Identität Seiner Braut. Dieses heilige Innewohnen Gottes hat eine ganz bestimmte Wirkung auf unsere Herzen und Gedanken. Gott wohnt in uns und das verändert die Art und Weise wie wir denken, reden und fühlen.

> Das wird der Bund sein, den ich nach diesen Tagen mit ihnen schließe, spricht der Herr. Ich lege meine Gesetze in ihr Herz und schreibe sie in ihr Inneres.
>
> Hebräer 10,16

Jesus schreibt die Gesetze Seines Vaters in die Gedanken und das Herz Seiner Braut. Das ist der Reinigungsprozess, die Schönheitsbehandlung, mit der Er Seine Braut vorbereitet. Sie wird Gott mit ihren Gedanken verstehen und Ihn in ihrem Herzen spüren. Wenn wir teilweise schon jetzt – und im zukünftigen Zeitalter dann vollständig – mit Christus regieren werden, werden wir Zugang haben zu Räumen übernatürlicher Erkenntnis und Einsicht, so dass die Großen und Gelehrten der Menschheitsgeschichte nur staunen können. Wir haben Zugang zu den Gedanken Gottes (1. Korinther 2,16). Das Konzept, dass Er in unsere Herzen und Gedanken hineinschreibt, wird unser Fassungsvermögen in Bezug auf übernatürliche Erkenntnis und Liebe auf wundersame Weise vergrößern. Er wird uns mit strahlenden Herzen und genialem Verstand schmücken. Genauso wie Jesus werden wir mit göttlicher Einsicht und überströmender Liebe erfüllt sein. Im zukünftigen Zeitalter wird es immer noch Mathematik, Naturwissenschaft, Technik, Kunst und Musik geben. Diese Disziplinen werden nicht einfach verschwinden. Wir werden ein ungewöhnliches Auffassungsvermögen und tiefe Erkenntnis haben und auf dieser Ebene mit unserem Bräutigam Jesus kommunizieren.

Unser Verstand und unsere Herzen werden bezüglich Heiligkeit mit neuen Kapazitäten ausgestattet werden, und zusammen mit der Heiligkeit wird auch eine tiefere Fülle einhergehen. Das wird uns Schönheit verleihen. Zusammen mit dem übernatürlichen Erkennen der Wahrheit wird Jesus uns auch die übernatürliche Fähigkeit geben, so zu fühlen, wie Er fühlt. Unsere Herzen werden herrlich und schön sein, wenn wir die gleichen Emotionen wie Jesus erleben. Wir werden die Fähigkeit haben, viel mehr zu lieben, wenn wir mit der heiligen Leidenschaft und Liebe Gottes für andere gefüllt werden. Die Liebe Gottes wird ausgegossen werden in unsere Herzen durch den Heiligen Geist (Römer 5,5). Dieselbe Liebe, mit der der Vater Jesus liebt, wird auch in uns sein (Johannes 17,26). Wir werden zu einer Liebe befähigt sein, die weit über das hinausgeht, was wir uns in unserem jetzigen Leben vorstellen können.

Mit dieser Liebe und unserer gesteigerten Wahrnehmung werden wir keinen Neid mehr kennen. Wir werden uns nicht mit anderen vergleichen und wir werden uns auch nicht mehr anklagen. Wir werden keine Verdammnisgefühle haben, keine Angst vor Versagen, kein Konkurrenzdenken, keine Entmutigung, keine Abhängigkeiten und keine negativen Gefühle. All das wird durch die enorme Kapazität für Frieden und Freude, Einheit und Liebe, Zufriedenheit und Glück ersetzt werden, und wir werden mit unaussprechlicher und herrlicher Freude gefüllt sein.

> ... und nun glaubt ihr an ihn, obwohl ihr ihn nicht seht; ihr werdet euch aber freuen mit unaussprechlicher und herrlicher Freude
>
> 1. Petrus 1,8

Jesus wird nicht mit einer depressiven Braut regieren. Wir müssen verstehen, was Jesus denkt und wir müssen fühlen, wie Jesus fühlt. Wir werden für immer mit Seinem Herzschlag vereint sein. Schon bald werden wir eine übernatürliche Einheit in unseren Beziehungen erleben, wie sie zur Zeit nur in der Dreieinigkeit existiert. Jesu Gebet aus Johannes 17,21 wird beantwortet werden: «... damit sie alle eins seien: Wie du, Vater, in mir bist und ich in dir bin, so sollen sie auch in uns sein ...»

Man stützt sich oft auf diesen Abschnitt aus Johannes 17, um für Einheit zwischen Leitern und Pastoren unterschiedlicher Gemeinden zu werben. Das ist sicherlich richtig und auch gut. Aber das Ziel, das Jesus hier gesetzt hat – eine Einheit unter den Menschen, die die Einheit der Dreieinigkeit widerspiegelt – ist so hoch, dass es in seiner Vollkommenheit nur dann erreicht werden kann, wenn wir mit Ihm eins sind. Die einzigen Menschen, die eine solche Einheit leben können, sind Menschen, die völlig davon überzeugt sind, dass Jesus sie als herrlich und schön ansieht. Denn indem sie ihre eigene Schönheit verstehen, können sie es wagen, das Risiko einzugehen, den anderen von ganzem Herzen zu lieben und können verstehen, dass der andere in Jesu Augen auch schön und herrlich ist.

KAPITEL VIER

DIE SEHNSUCHT NACH GRÖSSE

Kinder aus der ganzen Welt spielen dieses Spiel in hundert verschiedenen Variationen. Im Mittleren Westen Amerikas ist die Schlüsselstelle ein riesiger Heuballen, in Sibirien ist es ein Berg Schnee am Ende einer frisch geräumten Straße. Überall spielen Kinder dieses Spiel und folgen ihrem menschlichen Instinkt. Es ist unter verschiedenen Namen bekannt, und da wo ich aufwuchs, nannten wir es «König des Hügels». Man kann es mit wenigen Teilnehmern oder in gut organisierten Gruppen spielen. Aber sogar der beste Anführer kann Opfer einer Meuterei werden, bevor das Spiel zu Ende ist. Das Streben, der stärkste Mann zu sein – der König des Hügels – ist zu verführerisch, um widerstehen zu können. Am Ende können auch die stärksten Allianzen nicht standhalten und schließlich kämpft jeder nur noch für sich selbst.

Das Spiel fängt in der Kindheit an, aber viele spielen es ihr ganzes Leben lang. Vielleicht nicht auf so offensichtliche Weise, wie in der Kindheit, als einer den anderen wegstieß, aber die Sieg-um-jeden-Preis-Mentalität herrscht auch noch im Erwachsenenalter vor. Der «König des Hügels» wird König im Vorstand, König in der Betriebsabteilung, König zu Hause, König in der Gemeindeleitung. Es gibt etwas tief im Herzen des Menschen, das sich danach sehnt, mit Größe gekrönt zu werden. Egal, ob wir nun um die Kontrolle über einen dreckigen Erdhügel am Rande des Spielplatzes rangeln oder um die Kontrolle über eine Gruppe von Menschen, der wir eigentlich dienen sollten – meistens sind wir von der gleichen Motivation getrieben. Wir streben nach Größe und Anerkennung. Diese Sehnsucht hat über die Jahre hinweg tiefe Wunden gerissen und zu schwerwiegenden Folgen geführt, denn Menschen haben immer wieder versucht, diese

Sehnsucht um jeden Preis zu stillen. Das Streben nach Größe hat viele Menschen dazu getrieben, viel Gottloses anzurichten. Als Folge davon scheint heute für alle Erwachsenen die Anstandsregel zu gelten, jeglichen Wunsch nach Größe zu meiden und ihn – in falscher Demut – tief in der Psyche zu vergraben. Aber wenn ein anderer geehrt wird, dann schmollen wir im Inneren, weil wir übersehen wurden und der andere die Anerkennung bekommt.

Ich möchte dich dazu herausfordern, einmal anders über Größe nachzudenken. Was, wenn wir für etwas Großes geschaffen wurden? Hiermit meine ich nicht Arroganz oder das Niedermachen von anderen, damit wir besser dastehen. Ich stelle nur die Frage: Was ist, wenn Gott etwas Großes mit dir vorhat – für alle Ewigkeit? Würdest du dann genauso wie als Kind vorgehen und um die Position kämpfen, indem du andere von deinem Hügel stößt? Oder schlägt Gott da vielleicht einen anderen Weg ein, um das zu erreichen, was Er für uns vorhat? Einen Weg, der in die entgegengesetzte Richtung weist, verglichen mit dem, wohin uns unsere kulturell und instinktiv bedingte Vorgehensweise führen würde.

Ich will dich in ein Geheimnis einweihen, das nur wenige Menschen kennen: Du sehnst dich nach Größe, weil du von Gott für etwas Großes geschaffen wurdest. Das rechtfertigt natürlich nicht all den Schaden, der durch das Streben nach menschlicher Anerkennung und Ehre angerichtet wurde. Es ist immer noch falsch, einander vom Gipfel des Hügels wegzustoßen, es ist falsch, sich in den Vorstand zu kämpfen, um seinen eigenen Vorteil daraus zu ziehen, und es ist falsch, als Leiter zu manipulieren und zu kontrollieren, um sich selbst in den Vordergrund zu stellen. Gott hat einen viel besseren Weg, um dein Verlangen nach Größe zu erfüllen. Der große Gott hat ein Verlangen nach Größe und Erfolg in dich hineingelegt. Größe ist ein Teil deiner göttlichen Berufung. Jesus hat nie jemanden für sein Verlangen nach Größe zurechtgewiesen, sondern nur für den Versuch, diese Sehnsucht auf falsche Weise zu stillen (Lukas 11,43). Wir sollen uns nicht von dem gottgegebenen Verlangen nach Größe bekehren. Wir sollen uns von unseren Versuchen bekehren, diese Sehnsucht auf falsche Weise und in einem falschen Geist stillen zu wollen.

Wir wurden für Anerkennung und Größe geschaffen. Jeder Gläubige ist zu einer Größe bestimmt, die wir uns nicht vorstellen können. Paulus beschreibt, dass die Größe, die Gott für uns geplant hat, unser ganzes Vorstellungsvermögen übersteigt: «... was kein Auge gesehen und kein Ohr gehört hat, was keinem Menschen in den Sinn gekommen ist: das Große, das Gott denen bereitet hat, die ihn lieben.» (1. Korinther 2,9).

Ich gebe unverfroren zu, dass ich groß sein will in den Augen Gottes! Ich möchte in Ewigkeit reich sein! Ich ermutige jeden dazu, das gleiche Ziel zu verfolgen, denn jeder kann diese Größe erlangen – aber wir müssen dazu unsere falsche Demut ablegen, und wir müssen uns vor Augen halten, dass der Weg zu Größe das Kreuz Jesu und unser Wandel in Sanftmut ist.

GRÖSSE ALS VERHEISSUNG

Das Buch der Offenbarung wurde sechzig Jahre nach der Auferstehung Jesu und Seinem Auffahren zum Vater niedergeschrieben. Ich stelle mir vor, wie sich Gläubige in diesen sechzig Jahren versammelt haben und sich vielleicht am Lagerfeuer sitzend die Frage gestellt haben: «Was, wenn Er heute Nacht zurückkommt, was würde Er sagen?» Als Johannes auf der Insel Patmos war, bekam er die Antwort. Sechzig Jahre nach Seinem Auffahren zum Vater ermutigte und ermahnte Jesus die sieben Gemeinden in Kleinasien (Offenbarung 2-3). Der Gemeinde in Laodizea gab Jesus die unglaubliche Verheißung von Größe: «Wer überwindet, der wird mit mir auf meinem Thron sitzen» (Offenbarung 3,21). Das ist eine der erstaunlichsten Aussagen in der Heiligen Schrift. Niemand sitzt in der Gegenwart Gottes. Jede Kreatur in der Gegenwart Gottes wird in einer ehrfürchtigen Haltung, auf den Knien oder auf dem Angesicht in heiliger Anbetung beschrieben. Aber in diesem Abschnitt lesen wir von Heiligen, die in Gottes Gegenwart sitzen. Das ist für mich eine der überwältigend stärksten Aussagen in der Bibel, die ich kenne. Haben wir auch nur die leiseste Ahnung davon, was das bedeutet und wer wir wirklich sind?

Gott stillt unsere Sehnsucht nach Größe, indem Er uns, Seiner Braut, eine Position von Autorität schenkt, die sogar den Rang der höchsten Engel übersteigt. Die Offenbarwerdung der Erlösten als die Gekrönten – als die, die mit Jesus auf einem Thron sitzen – stillt unsere Sehnsucht nach Erfolg. Die Verheißung, dass die Jünger mit Jesus auf Seinem Thron sitzen werden, muss ein sonderbarer Gedanke für Johannes gewesen sein. Denk einmal darüber nach. Hier in den Vereinigten Staaten haben wir einen bestimmten Verhaltenskodex, wie man sich in gewissen Situationen und Umständen verhält. Dabei gibt es bestimmte Dinge, die man einfach nicht tut. Stell dir vor, du wärest als Gast ins Weiße Haus eingeladen. Du würdest dich nicht einfach hinter den Schreibtisch des Präsidenten setzen und die Füße hochlegen. Das wäre der absolute Gipfel – dieser Schreibtisch gehört einem anderen. Du würdest vielleicht den Stuhl eines anderen am Sonntagmorgen im Gottesdienst besetzen und man würde darüber hinwegsehen, aber du würdest es sicherlich nicht wagen, dich auf den Stuhl des Präsidenten in seinem Büro zu setzen.

Nimm dieses absurde Beispiel und betrachte es mal wie durch ein Vergrößerungsglas, das die Relation in dieser Situation noch millionenfach vergrößert – dann hast du noch immer nur eine sehr vage Vorstellung davon, was es bedeutet, mit Jesus auf Seinem Thron zu sitzen. Als Johannes diese Botschaft vom Herrn empfing, stutzte er sicherlich eine Weile. *Auf Seinem Thron sitzen? Was meint Er denn damit?* Es bedeutet, dass wir mit Ihm regieren werden. Wir werden mit Jesus über ein riesiges Reich regieren, das das Königreich Gottes genannt wird. Wir werden mit den wichtigsten und höchsten Ämtern betraut, um diese Ewige Stadt zu regieren. Das bedeutet, dass die Gemeinde Jesu an der Spitze der Macht in der Schöpfungsordnung steht. Nichts kann sich jemals mit der Größe der Braut Christi vergleichen, wenn sie ihren Platz neben ihrem Bräutigam einnimmt. Indem Er ihr Seinen Thron anbietet, sagt Er: «Für diesen Platz wurdest du geschaffen, du bist zur Größe bestimmt.»

Als Johannes darüber nachsann, musste er bestimmt an andere Worte Jesu denken, die Er während Seines dreijährigen Dienstes auf Erden gesprochen hatte. Ich kann mir vorstellen, wie ein Lächeln über Johannes' Gesicht huschte als er dachte: «Sechzig Jahre später, und ich puzzle hier immer noch die Teile zusammen!» Johannes dachte vielleicht an das, was Jesus einmal auf einem Berg gepredigt hatte. Er sagte damals viele gewaltige Dinge, aber unversehens stachen zwei Sätze hervor:

> Freut euch und jubelt, denn euer Lohn im Himmel wird groß sein ...
>
> Matthäus 5,12

> ... wer sie [die Gebote Gottes] hält und halten lehrt, der wird groß sein im Himmelreich.
>
> Matthäus 5,19

Schon zu Beginn Seines öffentlichen Dienstes legte Jesus das Fundament für diese Realität. Wir wurden zu Großem bestimmt und werden diese Größe ergreifen, wenn wir uns für sie entscheiden. Die Sehnsucht nach Größe, nach Ehre, danach, erhaben und erfolgreich zu sein, wird von Gott völlig gestillt werden, wenn Er uns als Seine Braut ewiglich krönt und Seinen Thron mit uns teilt. Als Braut Christi wird uns der Ehrenplatz und die höchste Autorität in der Ewigen Stadt gegeben. Römer 8,17 sagt uns, dass wir Miterben Christi sind. Darin wird deutlich, wie Gott über uns denkt und wie Er uns sieht.

Jede Gesellschaft hat eine herrschende Klasse. Normalerweise besteht sie aus einem geringen Teil der Bevölkerung. Dieser Adel kontrolliert die Finanzen, die Macht und oft auch auf vielen Ebenen das ganze Land. Es gibt nicht viele Möglichkeiten, in den Kreis dieser Adligen einzudringen oder darin aufzusteigen. Man muss entweder adlig geboren werden oder einen Adligen heiraten.

Als Gläubiger hast du dich mit unglaublichem Reichtum vermählt. Du bist die Braut Christi und hast dich so mit einer unbeschreiblichen Macht verheiratet. Du bist Teil des Adels in der Ewigen Stadt, Teil der herrschenden, oberen Klasse in Gottes Ewigem Reich. Du bist von königlichem Blut. Das bedeutet nicht, dass wir Gott gleich sind. Das ist eine Lüge, die Satan mit Erfolg in viele falsche Religionen hinein gesät hat. Aber du wirst mit Ihm auf Erden als König und Priester regieren.

> ... du hast sie für unseren Gott zu Königen und Priestern gemacht; und sie werden auf der Erde herrschen.
>
> Offenbarung 5,10

Das alles scheint uns viel zu hoch, um es als bare Münze zu nehmen. Will Jesus wirklich, dass wir Größe haben? Und wir sollen wahrhaftig Könige und Priester sein? Als Könige werden die Heiligen mit richterlicher Gewalt und Autorität im zukünftigen Zeitalter auf Erden regieren. Wir kennen unsere eigenen Herzen und fragen uns ernsthaft, wie das nur möglich sein kann. Wir sind gerade erst unseren Kinderschuhen entwachsen und haben die Tage hinter uns gelassen, in denen wir das Spiel «König des Hügels» gespielt haben. Es ist schwer, uns vorzustellen, dass Jesus uns als Seine Miterben auserwählt, die Seinen Vater vergegenwärtigen sollen. Da muss doch noch eine Menge passieren, bis wir soweit sind, diesen Platz einnehmen zu können ... Aber zum Glück bahnt Jesus immer einen gangbaren Weg. Er trägt uns niemals eine Aufgabe auf, ohne uns darauf vorzubereiten. Das junge hebräische Mädchen Esther, die sich plötzlich im Palast des Königs befand, durchlief erst eine Zeit der Vorbereitung, bevor sie vor den König trat (Ester 2). Timotheus ging erst bei Paulus in die Lehre, bevor er seinen eigenen Dienst aufbaute. Die Vorbereitung auf unserem Weg zur Größe steht jedoch im krassen Gegensatz zu unseren eigenen Vorstellungen:

> Wer unter euch groß sein will, der sei euer Diener; und wer unter euch der Erste sein will, der sei euer Knecht.
>
> Matthäus 20,26-27

> Wer nun sich selbst erniedrigt ..., der ist der Größte im Himmelreich.
>
> Matthäus 18,4

In unserer westlichen Kultur ist der Vergleich mit Dienern und Knechten zwar nicht mehr so aktuell, aber das zugrunde liegende Prinzip gilt auch heute noch. Ein Diener passte sich jeder Laune seines Meisters an, und wenn er treu in seiner Rolle war, dann war er am Ende seines Lebens immer noch ein Diener. Jesus stellt mit Seiner Aussage, dass der Weg zur Größe das Dienen ist, das Konzept von Größe völlig auf den Kopf. Wir haben ganz falsche Vorstellungen von unserer Rolle auf Erden. Wir haben einen so starken Drang, es in diesem Leben so weit wie nur möglich zu bringen. Aber hinter diesem Drang steckt der Glaube, dass wir nur eine einzige Chance im Leben haben. Und wenn wir nicht jede Gelegenheit völlig ausschöpfen, dann denken wir, etwas zu verpassen. Das ist die Motivation, die uns antreibt. Aber da liegen wir völlig falsch.

Ein reicher Mann kam auf Jesus zu und wollte mehr über das echte Wesen der Nachfolge wissen (Matthäus 19,16-30). Irgendwo tief in seinem Inneren wusste der reiche Jüngling, dass die Rechnung für sein Leben am Ende nicht aufgehen würde. In den Augen seiner Freunde hatte er es weit gebracht. Aber trotzdem spürte er, dass ihm aus der Ewigkeitsperspektive her gesehen etwas fehlte. Der junge Mann wusste mehr als nur über Finanzen Bescheid. Er kannte das jüdische Gesetz. Er war kein Abtrünniger und kein betrügerischer, dubioser Schurke. Als Jesus ihm auf seine Frage antwortete, er solle die zehn Gebote halten, versicherte der Mann, dass er sich treu an die Gebote gehalten habe. Aber trotzdem war er davon überzeugt, dass ihm noch etwas fehlte.

Er lag richtig. Jesus antwortete ihm, er solle all seine Besitztümer verkaufen und das Geld den Armen geben, wenn er vollkommen sein und sich einen Schatz im Himmel erwerben wolle. Und dann soll er Jesus nachfolgen. Als Jesus das sagte, machte Er keinen Spendenaufruf für Seinen eigenen Dienst! Er zeigte damit dem jungen Mann und Seinen Jüngern, dass Geld und Ansehen es erschweren, die nötigen Veränderungen im Leben vorzunehmen, um Gott mit ganzem Herzen folgen zu können. Wir lesen, dass der Mann traurig davonging, weil er großen Reichtum besaß. Jesus wählte genau diesen Moment aus, um Seinen Jüngern etwas Wichtiges zu verdeutlichen:

> Da sagte Jesus zu seinen Jüngern: Wahrlich, ich sage euch: Ein Reicher wird nur schwer ins Himmelreich kommen.
>
> Matthäus 19,23

Jesus verurteilte hier nicht das Geld oder eine soziale Position. Er verdeutlichte, dass dieser junge Mann emotional so viel in die Aufgaben seines jetzigen Lebens investiert hatte, dass er den Gedanken nicht zulassen konnte, das alles loszulassen, um der Aufgabe im zukünftigen Leben nachzujagen. Der Mann hatte Untergebene, die Rechenschaft vor ihm ablegen mussten, er hatte Status und Verantwortung. In seinen eigenen Augen hatte er es zu etwas gebracht. Er hatte Größe erreicht – eine Größe, von der man sogar einen Bruchteil nur schwer loslassen kann. Die Aufgaben unseres hiesigen Lebens stehen ständig in der Waage mit den langfristigen Aufgaben im zukünftigen Zeitalter, und in dieser Spannung leben wir. Aber ich kann dir versichern: Was immer auch deine jetzigen Aufgaben sind – im zukünftigen Zeitalter wirst du sie wahrscheinlich nicht mehr tun!

Im *International House of Prayer* (IHOP) gibt es fünf verschiedene Praktika. So haben wir fast immer mindestens 300 Leute aller Altersgruppen bei uns beschäftigt, die als Kurzzeit-Praktikanten im IHOP dienen. Studenten nehmen ein Semester lang eine Auszeit, um dem Herrn zu dienen. Pensionierte nutzen ihre Jahre des Ruhestands, um Zeit im Gebetsraum zu verbringen. Ehepaare entwurzeln ihre Familien und ziehen an die andere Seite des Landes, um dort ihre Kinder in der Umgebung von 24/7-Gebet aufwachsen zu lassen. Es gibt sogar eine Gruppe von jungen Menschen, die wir «Feuer der Nacht» nennen. Sie dienen in den Nachtstunden mit Fürbitte und Anbetung vor dem Herrn. Das Leben all dieser Menschen ist auf den Gebetsraum, die Lehreinheiten und die Aufgaben im Missionszentrum gerichtet.

Nur wenige unserer Praktikanten erscheinen während dieser Zeit auf der Bühne oder in der ersten Reihe. Nur selten singen sie ein Lied während einer Konferenz. Sie sprechen auch nicht zu großen Gruppen. Sie sind sich dessen völlig bewusst, bevor sie in das Programm einsteigen. Diese Praktikanten kommen, um für ein paar Monate zu dienen und zu lernen. Sie verstehen, dass das Praktikum zum Ziel hat, einen Einblick in unseren Dienst zu bekommen und Gott an ihren Herzen wirken zu lassen. Interessanterweise bleiben viele nach dieser Zeit des Dienens als Vollzeit-Mitarbeiter in unserem Missionszentrum und füllen Jahre später eine Leiterschaftsrolle aus, die auf ihrer Dienstbereitschaft gründet, die sie während ihrer Praktikumzeit bewiesen haben. Ihre Dienstbereitschaft bahnt ihnen einen Weg für später.

Ich betrachte unser Leben in diesem Zeitalter als siebzigjähriges Praktikum (Psalm 90,10), das uns auf das zukünftige Zeitalter vorbereitet. Die nächste Phase des Lebens im zukünftigen Zeitalter ist das Tausendjährige Reich (Offenbarung 20,4-6; 2,26-27; 3,21; 5,10; 22,5). In diesem «siebzigjährigen Praktikum» bestimmen wir, in welchem Grad wir in Seiner Regierung im zukünftigen Zeitalter operieren wollen. Unser jetziges Wachstum in Bezug auf Liebe, Sanftmut und Offenbarung bestimmt unsere Position und Funktion in Seinem zukünftigen Reich (Matthäus 7,14; 19,30; 20,16,26-27; 22,14; Lukas 13,24). Der Erfolg unseres Dienstes in diesem Zeitalter hat nichts mit dem zu tun, was wir nach außen hin erreicht haben, sondern wie wir innerlich gewachsen sind. Die Entscheidungen, die wir in unserem siebzigjährigen Praktikum treffen, sind ausschlaggebend dafür, wo und wie wir in unserer nächsten Aufgabe eingesetzt werden. Zwischen unserem jetzigen Leben und unserem zukünftigen besteht eine dynamische Kontinuität, doch genauso wie der reiche Jüngling, können viele Menschen dies nicht verstehen – auch heute noch.

Sie verfallen dem Glauben, dass sie alles daransetzen müssten, um das Verlangen nach Größe in diesem Leben auszuleben. So kämpfen, schubsen und drängeln sie auf ihrem Weg an die Spitze des Hügels. Und offensichtlich schaffen es nicht viele nach oben. Nur einige Wenige werden Größe im irdischen Sinne erreichen. Und dies hält auch nur so lange an, bis ein Stärkerer, Jüngerer und Erfolgreicherer sie von ihrem Thron auf dem Hügel vertreibt. Oder noch schlimmer, wenn sie das Ende ihres Lebens erreichen, erkennen sie, dass sie ihr irdisches Leben mit dem Streben nach Anerkennung durch Menschen auf Kosten von echter Größe im zukünftigen Zeitalter verspielt haben.

Ich gebe offen zu, dass ich Größe erreichen will, aber nicht nur für siebzig Jahre auf dieser Erde. Ich bin bereit, auf menschlichen Ruhm und Größe zu verzichten, um das Beste zu sein, was ich im nächsten Zeitalter nur sein kann. Ich tausche vergängliche Anerkennung durch Menschen gegen die ewige Anerkennung von meinem König! Ich bin nicht anders als alle anderen, die sich nach Größe sehnen. Ich bin lediglich fest dazu entschlossen, sie in einem anderen Zeitrahmen zu erlangen.

Was kennzeichnet aber ein erfolgreiches, siebzigjähriges Praktikum? Was genau garantiert mir, dass ich da Größe erreiche, wo es zählt und wo sie auch bleibt? Egal, wie groß oder wie herrlich unser Dienst oder unsere Position hier ist – es ist und bleibt nur unsere erste und vorübergehende Aufgabe. Wir bekommen unsere nächste Aufgabe nicht aufgrund der Größe unserer ersten Aufgabe zugewiesen, sondern aufgrund dessen, wie viel Demut und Sanftmut wir in unserer ersten Aufgabe entwickelt haben. Die meisten Menschen legen ihre Eier in den falschen Korb. Sie stecken all ihre Energie hinein, um den Ruhm und die Anerkennung für ihre erste Aufgabe schon jetzt zu bekommen. Aber Jesus sagte, dass es schwer für die Reichen ist, Größe zu erlangen. Warum? Weil sie so abgelenkt sind durch den Reichtum ihrer ersten Aufgabe. Sie lassen sich so von ihrer vorübergehenden Macht beeindrucken, dass sie einen Lebensstil, der ihnen Größe im zukünftigen Zeitalter garantiert, nicht annehmen können. Es ist so schwer, weil die erste Aufgabe sie so vereinnahmt, dass sie den Blick für die nächste, ewige Aufgabe verlieren. Gott hat uns die Gabe der Größe gegeben, die unvergänglich ist. Sie hat nichts damit zu tun, wie groß unser Dienst ist, wie dick unser Bankkonto ist, wie beliebt wir sind oder wie viele Menschen geheilt werden, wenn wir für sie beten. Sie übersteigt all diese Realitäten.

UNSER ERBE MIT GOTT VERSTEHEN

Der Vater hat ein dynamisches Erbe für Jesus vorgesehen, nämlich Ihm eine Gefährtin für alle Ewigkeit zu schenken – die Braut Christi. Wenn Gläubige verstehen, wer sie wirklich sind – nämlich das Erbe Jesu – dann spiegelt ihr Leben eine göttliche, innere Kraft wider und sie strahlen die feste Entschlossenheit aus, Ihm ganz allein zu gehören. Paulus betete, dass wir den Reichtum der Herrlichkeit erkennen mögen, nämlich das Erbe Jesu zu sein.

> Dass ... der Vater der Herrlichkeit euch gebe den Geist der Weisheit und Offenbarung in der Erkenntnis seiner selbst.

> Er erleuchte die Augen eures Herzens, damit ihr wisst, was die Hoffnung seiner Berufung, was der Reichtum der Herrlichkeit seines [Jesu] Erbes in den Heiligen ist ...
>
> Epheser 1,17-18

Die Augen unseres Herzens müssen geöffnet werden, um erkennen zu können, wie reich die Herrlichkeit ist, Gottes Erbe zu sein. Wir besitzen einen Reichtum an Herrlichkeit, weil wir das Objekt Seiner Freude und Seines Verlangens sind. Wir sind Sein Erbe. Der Vater hat uns für Jesus auserkoren. Jesus will, dass wir Sein sind und dass wir mit Ihm regieren. Wenn diese Offenbarung unsere Herzen berührt, dann treten wir in das ein, was die Bibel als *Reichtum von Gottes Herrlichkeit* bezeichnet. Aufgrund dieser Tatsache sind wir erfolgreich in Gott. Wenn wir verstehen, dass wir das Erbe Jesu sind, haben wir einen Reichtum, der nicht von uns genommen werden kann. Er ist für ewig gesichert.

Wenn sich unsere Herzen für die Wahrheit dieser bedeutenden Größe öffnen, die wir bereits besitzen, dann verändert sich unsere emotionale Chemie. Wir werden innerlich gestärkt. Unser Selbstbewusstsein und die Wertschätzung uns selbst gegenüber steigen aufgrund unseres Wertes und unserer Größe vor Gott. Wir erkennen, dass unsere Größe nicht in unserer körperlichen Erscheinung, im Erfolg unseres Dienstes oder in unseren Finanzen gegründet ist. Wir gewinnen an standhafter Stärke und innerer Stabilität, weil wir unsere weit bedeutendere Größe vor Gott verstehen. Deshalb brauchen wir uns durch unsere kleinen Gemeinden oder kleinen Dienste in diesem Zeitalter nicht entmutigen zu lassen. Es entmutigt uns nicht, auf Gott zu harren und auf Ihn zu warten, denn wir sind in einer anderen Realität verankert – in dem Reichtum der Herrlichkeit, dass wir Seine Erben sind.

Wenn die Gemeinde Christi die Wahrheit erfasst, wer wir wirklich sind – hochgeachtete und wertgeschätzte Erben des Thrones Gottes – dann werden wir eine innere göttliche Kraft ausstrahlen und uns Ihm ganz hingeben. In Jesus hast du in Reichtum und Macht von unglaublichem Ausmaß eingeheiratet. Könige leben nicht wie Bettler, denn sie haben mehr als genug in ihrem Lagerhaus und ihrer Schatzkammer. Sie kümmern sich auch nicht darum, ob sie die Zustimmung und Anerkennung anderer bekommen, denn sie sind sich ihrer Autorität und Position bewusst, die sie in ihrem jeweiligen Reich haben. Wir betreiben einen unglaublichen emotionalen Aufwand, um in uns ein Gefühl von Erfolg und Bedeutung zu schaffen. Aber die Gabe der Größe ist uns bereits geschenkt worden und sie ist in die Offenbarwerdung des Bräutigam-Gottes Jesus Christus eingehüllt.

BEREITSCHAFT

Die meisten Menschen haben irgendwann davon geträumt, in eine Position zu gelangen, die ihnen viel Macht verleiht, in der sie nicht so viel arbeiten müssen, so dass sie ihrer Freizeitbeschäftigung nachgehen können, und in der sie selbstverständlich ein gutes Gehalt bezahlt bekommen. Irgendwann schließen diese Leute ihr Studium ab und steigen in die Arbeitswelt ein, wo sie dann mit der echten Welt konfrontiert werden. Dort wartet meistens ein böses Erwachen auf sie. Die Position als «Geschäftsführer» in der Firma ihres Onkels ist in der Praxis ein Job als Laufjunge. Die Stelle als Vertreter mit der scheinbar so guten Provisionsbasis entpuppt sich als Plackerei ohne Provision. Sie dachten, dass sie auf dem Gipfel des Hügels landen würden. Stattdessen stehen sie am Fuße des Hügels und schauen hoch, denn kein Team ist da, das ihnen helfen würde, nach oben zu kommen. Dieser Punkt der Enttäuschung ist gleichzeitig der Prüfstein. Wie werden sie jetzt handeln? Werden sie auf das perfekte Stellenangebot warten? Werden sie die kleinen Gelegenheiten vorbeiziehen lassen und auf die große Chance ihres Lebens warten? Oder werden sie die Ärmel hochkrempeln und sich an die Arbeit machen?

Wenn wir denken, dass dieses Leben alles ist, was wir erwarten können, dann macht es mehr Sinn, eine bessere Arbeitsstelle abzuwarten, auch wenn gute Stellen nur selten vom Himmel fallen. Wenn wir aber dieses irdische Leben als Praktikum für das nächste Leben sehen, dann erkennen wir, dass diese niedrigen Positionen sich oft als wertvolles Training für unser Herz und unsere Gesinnung entpuppen. Wenn wir lernen, die Balance auf dem niedrig gespannten Seil zu halten, dann wird uns das sehr zugute kommen, wenn wir an die Reihe kommen, auf dem Hochseil zu balancieren. Und wenn man darüber nachdenkt – warum wollen wir eigentlich überhaupt mit dem Hochseil anfangen?

Einer unserer Leiter im IHOP arbeitete sich seinen Weg durch das Bibelseminar. Seine Mitstudenten predigten den Sommer über das Evangelium und er war davon überzeugt, dass sie alle bis zu ihrer Rückkehr zum Seminar im Herbst große Gemeinden gegründet haben würden, während er den einzigen Sommerjob annahm, den er vor Ort finden konnte. Er arbeitete an der einzigen bedienten Tankstelle mit Allroundservice in der Stadt. Dort tankte er nicht nur Autos voll, während seine Freunde alle das Evangelium predigten – er war auch der Einzige in der ganzen Stadt, der diese niedrige Arbeit tat!

Heute kann er auf diese Arbeit zurückblicken und sagen, dass sie für seinen jetzigen Dienst sehr von Vorteil war. Er konnte in jenem Sommer viele Kunden beobachten, die an dieser Tankstelle vorbeikamen. Und er lernte in dieser Zeit mehr über die menschliche Natur, als in seinem Psychologieseminar am College. Er versuchte, jedem den gleichen Service zu bieten. Manchmal war ein armer Fahrer mit einer alten, verrosteten Karosserie völlig überrascht, wenn er ihm wie bei einem Sportwagen die Windschutzscheibe polierte. Er lernte, die Arbeit zu erledigen, die er hatte, bis diejenige kam, die er sich wünschte. Oder anders gesagt, er lernte, treu zu sein in den kleinen Dingen.

Die Heilige Schrift berichtet uns, dass Jesus eines Tages zu einer Gruppe von Anhängern sprach, die darauf hofften, dass Er Israel von den Römern befreien würde. Sie hatten die Erwartung, dass Er Seine Herrschaft als König bald in die Hand nehmen würde, und sie wollten sich schon jetzt für die einflussreichsten Positionen unter Seiner Herrschaft bewerben. Sie waren die Studenten aus dem ersten Jahrhundert, die von ihrer perfekten, ersten Stelle träumten. Jesus erzählte ihnen daraufhin ein Gleichnis, um die vorübergehende Bedeutung des jetzigen Lebens und die letztendliche Realität des zukünftigen Königreiches hervorzuheben, in dem Größe nach ganz anderen Maßstäben verliehen wird. Jesus erzählt die Geschichte von einem anspruchsvollen Fürsten, der seinen Knechten unterschiedliche Verantwortung anvertraute. Als der Fürst seinen ersten Knecht rufen ließ und dieser mit einem Pfund zehn Pfunde eingebracht hatte, sagte er: «Recht so, du tüchtiger Knecht; weil du im Geringsten treu gewesen bist, sollst du Macht haben über zehn Städte.» (Lukas 19,17). Er veranschaulichte damit das Grundprinzip von echter Größe – die Bereitschaft, am Anfang hart zu arbeiten. Jesus zeigte, dass die Treue in kleinen Aufgaben hier und heute zu offenen Türen für große Dinge in der Zukunft führt. Das ist sowohl ein natürliches als auch ein geistliches Prinzip. Wenn wir bereit sind, demütige Arbeiter zu sein in diesem Zeitalter, dann führt das automatisch zu einflussreichen Positionen im zukünftigen Zeitalter. Das steht im krassen Gegensatz zu unserer natürlichen, ungeduldigen und unvollkommenen Vorstellung von Größe, aber wir sehen immer wieder in der Lehre Jesu, dass im geistlichen Bereich ein anderes Prinzip gilt.

TREUE

Einer der wichtigsten Faktoren, die unsere Größe im zukünftigen Zeitalter bestimmen werden, ist unsere Treue. Ein altes Sprichwort sagt, dass der Weg zur Hölle mit guten Vorsätzen gepflastert ist. Darin liegt ein Körnchen Wahrheit – aber es gibt auch noch eine Seitenstraße, die mit dem gleichen Teer gepflastert ist: und die führt ins Niemandsland. Man kann jeden beliebigen Leiter fragen, wie oft er ehrenamtlichen Mitarbeitern hinterherlaufen musste, weil sie sich nicht an ihr Wort gehalten hatten. Da gibt es Sonntagsschullehrer, die nicht zum Unterricht auftauchen. Oder die Vorbereitungen für das Abendmahl werden nicht gemacht, weil der beauftragte Mitarbeiter nicht erscheint. Die Mülleimer quellen über, der Abwasch bleibt stehen. Das sind alles nur kleine Übertretungen! Doch am anderen Ende des Spektrums sehen wir dann Angestellte, die ihren Chef hintergehen, oder Ehepaare, die einander untreu werden.

Oft werde ich gefragt, wie die Anfänge im IHOP waren. Ich antworte meistens: «Klein, mühsam und fürchterlich!» Anbetungsleiter waren gleichzeitig auch das Team zum Saubermachen, Gebetsleiter waren gleichzeitig Soundtechniker, und Soundtechniker dienten gleich noch als Platzanweiser. In dieser hektischen Zeit, in der es mehr Aufgaben als Mitarbeiter gab, kam ein Anbetungsleiter zu mir und fragte mich: «Was kann ich tun, um dir zu helfen? Es ist ganz egal, was es ist.» Ich wünschte, ich könnte sagen, dass ich erst darüber ins Gebet gegangen wäre. Dann würde die ganze Sache etwas geistlicher klingen! Stattdessen habe ich die Arbeiten einfach verteilt, die gerade anstanden: «Würdest du das Gebäude für uns reinigen?» Ich möchte an diesem Punkt darauf hinweisen, dass «das Gebäude» ein trauriges Konglomerat von drei alten Bürocontainern war, die auf einem Parkplatz zusammengepfercht waren. Wir hatten ein paar Versammlungsräume und vier Toiletten. Gregg, der Anbetungsleiter, machte die Toiletten sauber und sammelte den Müll ein. Er prägte sich mir so ein, weil er diese Arbeit mit einem Lächeln auf seinem Gesicht erledigte. Er diente in einer niedrigen Position und tat es mit ganzer Freude.

Sieben Jahre später. Das IHOP ist von einer Handvoll Praktikanten auf 600 vollzeitliche Mitarbeiter und 300 Praktikanten angewachsen. Daneben gibt es auch noch 300 Bibelschüler. Gregg war immer noch Anbetungsleiter. In der Zwischenzeit hatte er ein paar CDs veröffentlicht und reiste international umher. Aber das Erstaunliche war: Er machte immer noch die Toiletten sauber. Unser Missionszentrum bestand nun aus mehreren Gebäuden an vier verschiedenen Orten. Obwohl er ein Team von Praktikanten und anderen Mitarbeiten unter sich hatte, erfüllte er immer noch die Aufgabe, die ich ihm vor sieben Jahren aufgetragen hatte. Zwischen dem Saubermachen und dem Einkaufen von Seife reparierte er auch noch die Toiletten. Und sogar nach sieben Jahren hatte er immer noch ein Lächeln auf dem Gesicht. Das hat mich wirklich fasziniert!

Nachdem er sieben Jahre lang im IHOP gedient hatte, kündigte er an, dass er und seine Frau vermehrt im internationalen Dienst tätig sein würden. Ihre Gaben hatten ihnen neue Türen in Europa geöffnet, und das bedeutete, dass sie für mehr als zwei oder drei Monate an einem Stück weg sein würden. Mit Bedauern gab er die Verantwortung ab, die er sieben Jahre zuvor auf sich genommen hatte. Ich denke, das Gregg so ein Mensch ist, von dem Jesus in Matthäus 25 sprach. Er erzählt dort ein Gleichnis vom unterschiedlichen Umgang mit Verantwortung. Es handelt von einem Herrn, der seinen Knechten unterschiedliche

Aufgaben zuteilte, um zu sehen, wie sie damit umgehen würden. Als er zurück kam, fand er einen Knecht, der sehr fleißig gewesen war. Er sagte zu ihm: «Recht so, du guter und treuer Knecht! Über weniges warst du treu, über vieles werde ich dich setzen; geh ein in die Freude deines Herrn.» (Matthäus 25,21).

An dem Tag, an dem Gregg sein Amt abtrat, ließen wir ihn während eines Mitarbeitertreffens nach vorne kommen. Der Raum wurde von heftigem Applaus erfüllt; als Zeichen der Anerkennung für seinen Dienst. Ich erzähle unseren neuen Mitarbeitern immer gern von Gregg, und wie er sich für etwas bereit erklärte, von dem wir beide dachten, dass es nur ein paar Monate dauern würde. Stattdessen diente er treu in dieser Rolle sieben Jahre lang. Die Mitarbeiter bescherten ihm eine «Standing ovation», weil sie anerkannten, dass dieser Mann im Königreich Gottes groß war.

SELBSTERHÖHUNG WIDERSTEHEN

Selbsterhöhung oder Selbstbeförderung ist so sehr Teil unserer menschlichen Natur, dass es uns schwer fällt, sie bei uns selbst zu entdecken. Für viele von uns ist sie so selbstverständlich wie das Atmen. Es fängt schon in der Grundschule an. Die meisten Schulklassen in den USA praktizieren eine Variante davon, indem die Kinder für jeden Tag einen Klassen-Anführer wählen. Manchmal wird der jeweilige Anführer auch nach alphabetischer Reihenfolge bestimmt. Aber egal, nach welcher Methode es geschieht, derjenige, der für diese Rolle auserkoren ist, genießt die Anerkennung all seiner Klassenkameraden in vollen Zügen. Er führt die Klasse zur Kantine, zur Sporthalle, zum Schulbus und wo auch immer sie an diesem Tag hingeht. Für die Mitschüler der ersten Klasse ist diese Person an diesem Tag etwas ganz Besonderes. Und ohne Zweifel ist dieser Tag etwas Besonderes für den Anführer. Wehe dem Kind, das an dem Tag, an dem es an der Reihe gewesen wäre, krank ist! Dann gibt es ein großes Gerangel unter den anderen Kindern – wer darf als Ersatz für diese Rolle einspringen?

Von der ersten Klasse bis zum Altenheim ändert sich nicht mehr viel im menschlichen Verhalten. Es gibt immer genug

Menschen, die Anführer sein wollen – egal, ob sie sieben oder siebzig Jahre alt sind. Wenn du der Leiter bist, dann äußern sie sich dir gegenüber oberflächlich gesehen mit Wohlwollen, aber wenn du mal krank wirst, dann sind sie die Ersten, die ihre Finger in die Höhe strecken und sich melden, in der Hoffnung, die Rolle übernehmen zu dürfen. Aber nichts davon ist neu. Nur wenige Verse weiter von der Stelle, in der Jesus mit dem reichen Jüngling gesprochen hatte, lesen wir, wie Simon Petrus sich von dem Jüngling abhob: «Wir haben alles aufgegeben, um dir zu folgen.» Dann kam er zum eigentlichen Punkt: «Was soll nun aus uns werden?» Auch wenn er äußerte, seinen Fischerberuf bereitwillig aufgegeben zu haben, so schielte er in Wahrheit doch nach einer Position. «Ich will dich nur daran erinnern, Jesus, dass wir alles aufgegeben haben ... also, wann ist Zahltag?»

Ich glaube, dass ein Lächeln über Jesu Gesicht huschte, als Er Petrus antwortete. Jesus wusste, dass es noch eine Weile dauern würde, bis Petrus eine Lehre aus dem ziehen würde, was er jetzt hörte:

> Aber viele Erste werden Letzte und *Letzte Erste sein*.
>
> Matthäus 19,30

Ich vermute, dass die Jünger alle nachdenklich mit dem Kopf nickten, bis Jesus sich wieder umdrehte und sie ihre Notizen miteinander verglichen. «Was hat Er gesagt? Die Ersten werden die Letzten sein? Die Letzten die Ersten? Was meint Er damit? Er stellt das ganze Leiterschaftssystem auf den Kopf!»

Damit lagen sie richtig. Jesus stellte die grundlegende Struktur von Leiterschaft – sogar den gesamten Weg zu Größe – mit dieser Aussage völlig auf den Kopf. Über Jahrhunderte hinweg hatten die Menschen im Geist gegen diese Lehre gehandelt, und in den darauffolgenden Jahrhunderten würden sie das immer noch tun. Sie würden die Macht ergreifen, von der sie meinten, dass sie ihnen zustünde. Sie würden sich selbst vorschnell in Leitungspositionen hinein befördern, anstatt geduldig zu warten, bis sie dazu gerufen würden. Um das ganz klarzustellen, wiederholt Jesus Seine Aussage noch einmal – im nächsten Kapitel.

So werden die Letzten Erste und die Ersten Letzte sein; denn viele sind Berufene, wenige aber Auserwählte.

Matthäus 20,16

Auf jedem Menschen liegt die Berufung zur Größe. Jeder einzelne Mensch hat die potentielle Bestimmung, mit Christus in Ewigkeit zu regieren. Jesus wusste aber, dass viele der Versuchung der Selbstbeförderung nicht würden widerstehen können. Weil sie in ihrem siebzigjährigen Praktikum die erste Stelle einnehmen, werden sie sich im zukünftigen Zeitalter an letzter Stelle wiederfinden. Es kommt alles auf die Art des Dienens an, die in Matthäus 20,26 beschrieben wird. Dort sagt Jesus: «... wenn jemand unter euch groß werden will, der soll euer Diener sein.»

In vielen Fällen verstehen wir diese einfache Lehre nicht, weil wir fälschlicherweise annehmen, dass all das, was vor dem Zweiten Kommen Jesu auf Erden geschieht, keinen Bezug zum Tausendjährigen Reich habe. Wir denken, Jesus sei an der jetzigen Beschaffenheit unserer Herzen gar nicht interessiert. Wir haben es zwar mit zwei Zeitaltern zu tun, die sich in ihrer Beschaffenheit und ihren Merkmalen voneinander unterscheiden, aber es bleibt eine dynamische Kontinuität bestehen zwischen unserem Verhalten in diesem Leben und unserer Rolle im zukünftigen Zeitalter. Unsere Gesinnung, unser Handeln, unser Charakter und vieles mehr, was wir in diesem Zeitalter entwickelt haben, wird in das nächste übertragen werden.

Der Verbrecher, der am Kreuz in den letzten Minuten seines Lebens um Vergebung bittet, muss wohl sehr geschockt gewesen sein, als er die Schwelle zum Paradies überschritt – wie Jesus es ihm vorausgesagt hatte (Lukas 23,43). Ich stelle mir den ehemaligen Dieb auf den goldenen Straßen vor, völlig sprachlos darüber, wie er von den Engeln gegrüßt wird und welche Kleider ihm gegeben werden. Er fragt die Engel, was das alles zu bedeuten habe, und einer von ihnen antwortet ihm: «Du verstehst das nicht? Du bist hier ein König.»

Der Dieb blickt den Engel verblüfft und fragend an: «Ein König? Wenn ich gewusst hätte, dass ich ein König bin, dann hätte ich nie als Dieb gelebt!»

Viele Menschen leben als Diebe. Sie stehlen die Ehre anderer und greifen nach Anerkennung, wo sie ihnen nicht zusteht. Das alles tun sie, weil sie nicht die leiseste Ahnung davon haben, dass sie zur Größe bestimmt sind. Tue dein Bestes, um heute wie einer zu leben, der zum Königtum im zukünftigen Zeitalter berufen ist, und handle in jeder Situation und gegenüber jedem Menschen in Demut. Du bist zu etwas Großem berufen. Größe ist Gottes Gabe an dich.

KAPITEL FÜNF

DIE SEHNSUCHT NACH NÄHE OHNE SCHAM

Vor Beginn von Raum und Zeit sehnte sich der Vater nach einer Familie, mit der Er eine Beziehung der besonderen innigen Nähe führen kann. Deshalb hat Er das menschliche Herz mit der Sehnsucht nach inniger Gemeinschaft mit Ihm und mit anderen geschaffen. Er hat uns mit dem tiefen Verlangen nach Nähe geschaffen. Wir wollen andere kennen und in der Tiefe erkannt werden – ohne uns zu schämen. Der Eine, der alles geschaffen hat, kennt jede Regung unseres Herzens und Er will Sein Herz mit uns teilen. Wir sind so wertvoll in Seinen Augen, dass Er uns in diesen geheimnisvollen Raum der Nähe zu Ihm einlädt. Gott antwortet auf diese Sehnsucht, indem Er uns Sein Herz offenbart und uns zeigt, wie tief Er uns wirklich kennt. Wir erleben in diesem Zeitalter nur einen kleinen Vorgeschmack davon, aber wir werden die Fülle Seiner Nähe in alle Ewigkeit erfahren.

> Wir sehen jetzt durch einen Spiegel ein dunkles Bild; dann aber von Angesicht zu Angesicht. Jetzt erkenne ich stückweise; *dann aber werde ich erkennen, wie ich erkannt bin.*
>
> 1. Korinther 13,12

Dieses gegenseitige Kennen ist ein Ausdruck der tiefen Liebe, die Gott für uns hegt. Ohne diese Gemeinschaft wäre unser Leben unendlich einsam. Henry David Thoreau sagte: «Die breite Masse der Menschheit führt ein Leben in stiller Verzweiflung.» Die meisten Menschen leben mit einem unerträglichen Gefühl von Einsamkeit. Sie teilen mit niemandem ihre Freuden oder ihre Schmerzen. Wir wurden jedoch so geschaffen, dass uns Einsamkeit zerbricht und tiefe Wunden in unser Leben reißt. Einsamkeit ist nicht Gottes Plan für uns. Gott hat für Sein Volk vorgesehen, dass es innige Beziehung und Einheit untereinander hat, weil Jesus Seine Herrlichkeit über uns ausgegossen hat.

> ... damit sie alle eins seien. Wie du, Vater, in mir bist und ich in dir, so sollen auch sie in uns sein, damit die Welt glaube, dass du mich gesandt hast. Und ich habe ihnen die Herrlichkeit gegeben, die du mir gegeben hast, damit sie eins seien, wie wir eins sind, ich in ihnen und du in mir, damit sie vollkommen eins seien ...
>
> Johannes 17,21-23

Wir müssen nicht befürchten, dass wir die Höhen und Tiefen unseres Lebens alleine bewältigen sollen. Jesus hat unsere Einsamkeit getragen und die Beziehung zum Vater wiederhergestellt. Unsere Sehnsucht nach inniger Gemeinschaft wird aufgrund des Werkes Jesu schon hier und jetzt erfüllt – auch wenn wir die Erfüllung in aller Vollkommenheit erst im zukünftigen Zeitalter erleben werden. Der Vater ist der Erste, der erkannt hat, dass Einsamkeit nicht gut für den Menschen ist. In 1. Mose 2,18 sagt Er: «Es ist nicht gut, dass der Mensch allein sei.» Das menschliche Herz sehnt sich zutiefst nach Nähe. Diese Sehnsucht versucht der Feind mit Verlockungen hin zu Scheinerfüllungen auszubeuten – mit Fälschungen, die wie Nähe aussehen, aber am Ende in Schmerz und Scham enden. Wenn wir den Verlockungen des Feindes nachgeben, reduzieren wir unsere Chance, wirkliche Nähe erleben zu können. Wir öffnen die Türe für Einsamkeit, und wenn Menschen einsam sind, kann der Feind sie viel leichter zerstören.

Denk an einen der Menschen in deinem Leben, denen du am meisten Respekt entgegenbringst, und stell dir vor, wie es wäre, wenn dieser Mensch ein so großes Vertrauen in dich hätte, dass er die tiefsten Geheimnisse seines Herzens mit dir teilen würde. Würde dich das nicht mit Freude erfüllen und dir ein unglaubliches Gefühl von Wertschätzung geben? Die Wahrheit ist, dass Gott uns die tiefsten Geheimnisse Seines Herzens anvertrauen will. Aber es scheint uns unglaublich, dass ein so großer Gott danach verlangt, so innig und nah mit zerbrochenen Menschen verbunden zu sein.

Vor über 2500 Jahren schrieb Mose die Schöpfungsgeschichte auf, die sich lange zuvor im Garten Eden abgespielt hatte. In seinem Bericht hob Mose den Ruhm der Liebe in der Ehe hervor, als er beschrieb, wie Gott Eva zu Adam führte und sie ein Fleisch wurden. Er schrieb, dass sie nackt waren und sich nicht schämten.

> Darum wird ein Mann seinen Vater und seine Mutter verlassen und seiner Frau anhangen, und sie werden ein Fleisch sein. Und sie waren beide nackt, der Mensch und seine Frau, und schämten sich nicht.
>
> 1. Mose 2,24-25

1500 Jahre später gab uns der Apostel Paulus noch einen anderen Einblick in diese Aufzeichnungen. Paulus kannte ein Geheimnis in Gottes Herzen, das Mose nicht kannte. Paulus zitiert 1. Mose 2,18 in Epheser 5,31-32 und deutet diese innige Nähe in der Ehe auf Jesus und die Gemeinde hin. Die Schöpfung von Adam und Eva als ein Fleisch spiegelt die Einheit Jesu mit Seiner Gemeinde wider. Paulus bezeichnete dies als das große Geheimnis Gottes. Geistlich gesehen bedeutet «Nacktsein ohne Scham», dass alle Geheimnisse unseres Herzens völlig offenbar sind und dass wir uns dabei vor Gott nicht schämen werden.

> Darum wird ein Mann Vater und Mutter verlassen und an seiner Frau hängen, und die zwei werden ein Fleisch sein. *Dies Geheimnis ist groß; ich deute es aber auf Christus und die Gemeinde.*
>
> Epheser 5,31-32

Ich erinnere mich an eine bestimmte Situation mit meinem Vater, die sich in meiner Kindheit wiederholt abspielte. Als eine unter Drillingen war ich als die Stärkste und Streitsüchtigste bekannt. Es schien mir, dass von uns Dreien mein Bruder und meine Schwester immer alles richtig machten, während ich oft Chaos anrichtete und dafür Ärger bekam. Obwohl ich noch sehr jung war, erinnere ich mich doch sehr deutlich daran, dass ich mich dafür schämte und zu mir selbst sagte: «Ach Deborah, kannst du denn nicht einmal etwas richtig machen?»

So spürte ich innerlich die Selbstanklagen, wenn ich wieder etwas angestellt hatte. Jedes Mal rief mich mein Vater dann liebevoll zu sich. In mir stieg der Groll über mich selbst hoch, dass ich es schon wieder verpatzt hatte. Ich sträubte mich mit aller Gewalt dagegen, als Versager meinem Vater in die Augen zu schauen. Das Letzte, was ich wollte, war zu meinem Vater zu gehen und mich für mein Verhalten zu schämen. In meinem kindlichen Denken erwartete ich, dass mein Vater böse mit mir wäre. Ich dachte, er würde mich ablehnen, weil ich seine Erwartungen schon wieder nicht erfüllt hatte. Ich hatte aber keine andere Wahl, und so schleppte ich mich dann langsam rüber zu ihm.
Er wartete immer geduldig und nahm mich dann auf seinen Schoß. Er legte seine Arme um mich und schaute mir in die Augen. Und jedes Mal spielte sich das Gleiche ab. Er hielt mich sanft fest und ich drückte mit aller Gewalt gegen seine Umarmung, weil ich mich so schämte und seine Nähe nicht ertragen konnte. Ich konnte ihm nicht in die Augen schauen und so schüttelte ich den Kopf hin und her, um seinem Blick nicht begegnen zu müssen.
Jedes Mal, wenn das geschah, fragte er mich: «Deborah, warum sträubst du dich gegen mich?» Mit aller Gewalt versuchte ich, mich aus seiner Umarmung zu winden, und wenn er dann nachgab, fiel ich immer hin, weil ich mit solcher Gewalt gegen seine Arme gedrückt hatte. Dann schämte ich mich jedoch nur noch um so mehr, weil ich dann wieder aufstehen musste, um meinen Vater anschauen zu können. «Ich muss es hinter mich bringen», dachte ich, «also schau ihm besser gleich direkt in die Augen.»
Wenn ich ihm dann in die Augen sah, waren seine ersten Worte stets, «Ich hab dich lieb. Ich hab dich lieb.» Meine Gefühle und mein Verstand sträubten sich aber immer dagegen. «Nein Papa, du kannst mich nicht lieb haben, nicht jetzt, ich hab doch gerade wieder etwas falsch gemacht. Du musst mich jetzt bestrafen, ich kann deine Liebe jetzt nicht empfangen, ich verdiene sie nicht. Vielleicht wenn ich mal eine Zeit lang lieb bin, dann kannst du mich in die Arme nehmen und mir sagen, dass du mich lieb hast. Aber das kann ich jetzt nicht zulassen. Ich war viel zu böse.»
Die Unnachgiebigkeit meines Vaters hatte jedoch eine enorme Wirkung auf mich, auch wenn es sehr lange dauerte, bis ich seine Liebe annehmen konnte. Ich erinnere mich noch genau an den Tag, als dieser Kreislauf zwischen uns durchbrochen wurde und seine Liebe meine

Scham überwand. Diesmal, als ich wieder etwas angestellt hatte und er mich rief, reagierte ich anders als sonst. Als er mich in die Arme nahm, wehrte ich mich zum ersten Mal nicht dagegen. Und als er seine Umarmung lockerte, fiel ich auch nicht hin, sondern entspannte mich in seinen Armen. Begeistert und wahrscheinlich genauso überrascht wie ich, sagte er: «Deborah, schau nur! Ich halte dich und du wehrst dich nicht dagegen!» An diesem Tag begriff ich endlich, dass mein Vater mich liebte – dass er mich sogar mochte – trotz meiner Schwachheiten und trotz meines Versagens. — Deborah Hiebert

So wie sich Deborah gegen die Umarmung ihres Vaters wehrte, verhält sich auch der größte Teil der Menschheit gegenüber Gott. Seit Adams und Evas Sünde ist die Erfahrung, so wie Deborah sie beschreibt, Teil eines jeden Menschen geworden. Als Adam und Eva zum ersten Mal sündigten, erkannten sie, dass sie nackt waren. Und zum ersten Mal waren sie mit einem Gefühl konfrontiert, das einen völlig verkrüppeln kann: Scham. Gott fertigte daraufhin ein Gewand für sie an, das sie bedeckte (1. Mose 3,21). Sechstausend Jahre später bietet uns Gott immer noch an, unsere Scham zu bedecken – jetzt durch das Opfer Seines Sohnes. Gott ist seit jeher fest entschlossen, sich uns zu nahen, und zwar auf solche Weise, dass wir keine Scham in unserer Beziehung zu Ihm haben.

INNIGE NÄHE OHNE SCHAM FINDEN

Tag für Tag werden unzählige Menschen auf ihrer Suche nach Nähe und Intimität verletzt. In ihrem zerbrochenen Zustand versuchen sie, dieses gottgegebene Verlangen auf gottlose Weise zu stillen. Am Ende erleben sie jedoch nur Scham und verabscheuen so ihre eigenen Versuche. Echte Nähe war jedoch nicht so gedacht. Es ist möglich, eine innige Gemeinschaft mit Gott und mit anderen Menschen zu erleben, die keine Scham mit sich bringt. Intimität bedeutet so viel mehr, als nur körperliche Nähe. Intimität entsteht durch festes Vertrauen, das Menschen ineinander haben und das ihnen ermöglicht, die tiefsten Geheimnisse ihres Herzens miteinander zu teilen – ihre Hoffnung und Träume, ihre Ängste und ihr Versagen, ihre Gefühle und Enttäuschungen.

Es gibt Zeiten, in denen meine Frau und ich über das reden, was tagsüber passiert ist – über unsere Termine und über die Leute, mit denen wir geredet haben. Aber irgendwann lassen wir das Plaudern über die alltäglichen Dinge hinter uns. Dann kommt die unausweichliche Frage: «Was denkst du wirklich?» Auch da suchen wir keine allgemeinen Antworten, sondern wir fragen ganz gezielt: «Wie erging es dir heute? Was dachtest du bei den Besprechungen? Was hat dich begeistert? Wo hast du Bedenken? Was sind deine Ängste? *Was sind deine Geheimnisse?*» Gott kennt die tiefsten Geheimnisse unseres Herzens, ganz besonders die Bereiche, wo wir uns nicht verstanden, übersehen oder einsam fühlen. Er kennt unsere Ängste und Er weiß, was uns bewegt. Aber Er möchte, dass wir Ihn *einladen* und Ihn in die tiefsten Bereiche unseres Herzens mit hinein nehmen.

Die meisten Menschen weichen diesen Fragen aus. Viele von ihnen haben schlechte Erfahrungen gemacht. Sie haben die tiefsten Geheimnisse ihres Herzens mit einem anderen Menschen oder mit ihrem Partner geteilt und haben dann später erlebt, dass diese Geheimnisse verbreitet wurden. Nichts verletzt so tief wie missbrauchtes Vertrauen. Man fühlt sich entblößt und verraten. Nähe erfordert Mut. Wenn wir unsere Geheimnisse mit jemandem teilen, dann ist das mehr als nur ein Informationsaustausch. Aber wir können gewiss sein, dass die Nähe zu Jesus sicher ist. Er wird uns nicht verraten, sondern uns schützen. Er wird uns so annehmen, wie wir sind. Und Er wird unsere Geheimnisse bewahren.

Die innige Beziehung zu Jesus ist jedoch keine einseitige Unterredung. Jesus hat auch Geheimnisse. Er hat Pläne, Gedanken und Gefühle, die mit uns zu tun haben. Innige Beziehung beinhaltet, dass wir auch Seine Geheimnisse kennen lernen. Er möchte mit uns teilen, was in Seinem Herzen vorgeht. Psalm 25,14 sagt uns: «Der HERR zieht ins Vertrauen, die ihn fürchten ...» Jesus möchte uns Sein Herz offenbaren, weil Er Vertrauen in uns hat. Was Jesus mit uns teilen möchte, sind keine allgemeinen Plaudereien. Er möchte das mit uns teilen, was tief in Seinem Herzen vorgeht – Dinge, von denen nicht einmal die Engel höchsten Ranges wissen (Epheser 3,10). Selbst in der Ewigkeit wird Jesus mit uns teilen, was Sein Herz bewegt. Gott hat nur die Erlösten in diese innige Nähe zu Ihm gerufen. Es gibt eine Grenzlinie, die nicht einmal die Engel überschreiten können. Sie wünschten, dass sie in die Geheimnisse hineinschauen könnten, die Gott der innigen Gemeinschaft mit den Menschen vorbehalten hat (1. Petrus 1,12).

Man kann den Gedanken von inniger Nähe zu Jesu mit dem geometrischen Begriff des «Strahles» verdeutlichen. Ein Strahl ist eine Linie, die einen Anfangspunkt hat, aber kein Ende. Ein Strahl beginnt an einem Punkt und läuft endlos in eine Richtung – bis in alle Ewigkeit. Zu einem gewissen Grad ist es mit der innigen Nähe zu Jesus ähnlich. Wenn wir uns eine Zeitlinie anschauen, dann können wir einen Punkt festmachen, an dem wir anfingen, uns Jesus zu nahen, Ihm unsere Geheimnisse zu offenbaren und die Geheimnisse Seines Herzens zu erkennen. Das ist der Anfang der Nähe. Aber sie unterscheidet sich von menschlicher Nähe, denn menschliche Nähe hat nur eine begrenzte Reichweite. Aber die Nähe zu Gott bleibt für immer. In der Ewigkeit wird es immer wieder Momente geben, in denen Jesus uns zu sich ziehen und sagen wird: «Ich möchte dir ein anderes Geheimnis verraten …» Er wird dir ins Ohr flüstern und es wird ein völlig neuer Gedanke für dich sein. In Milliarden von Jahren werden wir immer noch vor dem Schöpfer stehen und Er wird immer noch der leidenschaftliche Liebhaber Seines Volkes sein. Die Tiefe und die Weite Seiner Liebe ist ein gewaltiger Ozean, der niemals erschöpft werden kann.

Es gibt keine gewaltigere Erfahrung als innige Beziehung mit der Gottheit zu erleben und die Berührung Seiner Nähe zu erfahren. Er ist der ewige, unendliche, erhabene Gott, der so ganz anders ist – und doch lädt Er uns in eine Vertrautheit ein. Alles, was wir über Seine Majestät und Herrlichkeit wissen, scheint Ihn eher unnahbar zu machen, aber trotzdem, Er zieht unsere Herzen zu sich. Das scheint uns oft unbegreiflich, aber dennoch können wir mit Zuversicht in Seine Nähe treten:

> Wir haben also die Zuversicht durch das Blut Jesu in das Heiligtum einzutreten ... lasst uns eintreten mit aufrichtigem Herzen in voller Gewissheit des Glaubens …
>
> Hebräer 10,19-20

Wenn du in einem Umfeld von vielen Nachbarn lebst, dann entstehen vielleicht mit einigen von ihnen Freundschaften, die über das alltägliche Geplauder am Heckenzaun hinausgehen. Irgendwann wirst du vielleicht zum Kaffee eingeladen. Wenn das geschieht, verändert sich die Beziehung. Ihr wart Bekannte, als du beim Fahren in die Garage deinem Nachbarn kurz zugewinkt und dann die Türe hinter dir geschlossen hast. Jetzt aber, wo du in ihr Haus eingeladen wurdest, bist du eher dazu geneigt zu sagen, dass du sie kennst. Auf gleiche Weise lädt uns auch Gott ein – aber nicht in Seine Küche, sondern in Sein Herz.

Menschliche Beziehungen mit einem gewissen Grad an Nähe sind vielschichtig und komplex. Beziehung ist mehr als nur eine einfache, dreiminütige Begegnung mit einer Bedienung, die Hamburger in einem Fast-Food-Restaurant verkauft. Wenn sich über längere Zeit eine tiefe Beziehung zu einem anderen Menschen entwickelt hat, teilen wir schließlich die ganze Palette unserer Erfahrungen mit ihm. Gesunde Ehen definieren sich über eine solche Art des Mitteilens, und Nähe mit Christus basiert auf der gleichen Realität. Christus kennen und von Ihm gekannt zu sein bedeutet, dass wir Nähe immer wieder auf neuen Ebenen erleben, die wir uns zuvor nicht hätten vorstellen können. Wenn wir Ihn dazu einladen, dann dringt Er in alle Bereiche unseres Herzens vor und sagt: «Ich möchte hier auch leben. Ich möchte die tiefsten Geheimnisse deines Herzens erfahren.» Er möchte, dass wir alles Verborgene und alle Geheimnisse vor Ihm offen legen. Und im Gegenzug dazu offenbart Er uns die verborgenen Geheimnisse Seines Herzens.

NÄHE IN UNSEREM SIEG

Es ist eine wunderbare Erfahrung, wenn man den Erfolg seines Ehepartners sieht. Über die letzten Jahre hinweg habe ich miterlebt, wie meine Frau Diane eine Immobilienvermittlung von Grund auf aufgebaut hat. Das Vermittlungsbüro ist ein großer Erfolg geworden und hat vielen Mitarbeitern vom *International House of Prayer* geholfen, ein Haus oder eine Wohnung zu finden. Von Anfang an war ihr Anliegen, den Geschäftsgewinn dem

IHOP zukommen zu lassen und die Mitarbeiter durch monatliche Stipendien finanziell zu unterstützen.

Ich weiß, wie viele Stunden sie in das Geschäft investiert hat, wie oft sie bis in die Nacht hinein am Computer gesessen hat, wie viele Besprechungen sie frühmorgens mit zögernden Klienten bei einer Tasse Kaffee hatte und wie viele Anrufe vom Finanzamt sie gemeistert hat, das von ihr erwartet hatte, sofort irgendwelche Dokumente aus dem Stegreif zu erstellen. Manchmal bekam sie die Anrufe sogar über ihr Handy, während sie ihre Einkäufe im Supermarkt erledigte.

Wenn Diane mit einem Lächeln auf ihrem Gesicht nach Hause kommt und sagt: «Heute war ein guter Tag», dann freue ich mich mit ihr, denn ich weiß, dass der gute Tag, den sie «heute» hatte, mehr war, als nur ein paar nette Begegnungen oder günstige Umstände. Sie hat jahrelang hart gearbeitet, um den guten Tag von heute zu ermöglichen. Ich schätze ihre Arbeit sehr und freue mich über ihren Sieg, weil ich ihre harte Arbeit gesehen habe. Als wir am Anfang ihr Vorhaben mit der Immobilienvermittlung besprochen haben, waren wir beide sicher, dass sie erfolgreich sein würde. Aber sie hat all unsere Erwartungen weit übertroffen und ich könnte nicht stolzer auf sie sein.

Was wir über den Erfolg unseres Ehepartners empfinden, ist nur ein kleiner Schatten dessen, was Gott empfindet, wenn wir in unseren Bemühungen erfolgreich sind. Weil Er unser Schöpfer ist, weiß Er auch genau, zu was wir fähig sind. Aber weil Er auch unser Erlöser ist, weiß Er, wie oft wir hinter unserem Potential herhinken. Er ist und bleibt trotzdem unser größter Unterstützer, Bewunderer und Verteidiger.

Vielleicht erscheint dir die Information gar nicht so wichtig, dass Gott unsere Erfolge mit uns feiert. Viele Menschen gehen davon aus, dass Nähe leichter erfahrbar und eher verständlich ist, wenn wir erfolgreich sind. Aber die praktische Erfahrung zeigt oft das Gegenteil. Es ist nicht immer selbstverständlich, dass diejenigen, die uns ganz nahe stehen, auch unsere Erfolge mit uns feiern und sich darüber freuen.

Die Schriftstellerin Vicki Baum schrieb einst: «Ruhm bringt immer Einsamkeit mit sich. Erfolg ist so eiskalt und verlassen wie der Nordpol.» Wenn wir erfolgreich sind, sammeln sich alle möglichen Leute um uns herum und klopfen uns auf die Schulter, aber viele tun das nur, um ihren eigenen Vorteil aus unserem Erfolg zu ziehen und unsere Einflussposition für ihre eigenen Zwecke zu nutzen. Sie teilen unseren Erfolg nicht aus einer innigen Beziehung heraus, sondern sie manipulieren die Beziehung, um ihren eigenen Nutzen daraus zu schlagen. Paulus jedoch fordert uns dazu auf, uns aufrichtig mit anderen zu freuen, so wie Jesus es tut: «Freut euch mit den Fröhlichen» (Römer 12,15). Jesus freut sich mit uns wie kein anderer, wenn wir uns freuen. Seine tiefe Kenntnis unseres Potentials zum Guten wie auch zum Bösen macht Seine Freude umso vollkommener in den Zeiten, in denen wir erfolgreich sind – schon hier und jetzt und auch in dem zukünftigen Zeitalter.

NÄHE ZU UNS IN UNSEREM SCHMERZ

Nähe zeigt sich jedoch nicht nur in unserer Freude. In jeder Beziehung mit einer echten Transparenz gibt es Schmerz. Wir versagen. Wir verlieren Kämpfe. Wir leiden wegen unserer eigenen Sünde und der Sünde anderer. In jenen Momenten lebt Jesus den zweiten Teil dieses Verses im Römerbrief: «... weint mit den Weinenden» (Römer 12,15). Jesus allein kennt die Tiefen unserer Sehnsüchte, Träume und Absichten, Ihn zu lieben. Auch wenn all unsere guten Bemühungen gescheitert sind, sieht Jesus unser Verlangen.

Die beiden kraftvollsten Realitäten, die unser menschliches Herz bewegen, sind Schönheit und Schmerz. Wir werden in alle Ewigkeit von der Schönheit Jesus in Bann gezogen werden, aber eine der gewaltigsten Begegnungen in der Nähe zu Ihm finden wir in unserem Schmerz (Philipper 3,10), wenn wir Schwierigkeiten und Leiden durchleben. Genauso wie in unserem Erfolg können wir auch in unserem Schmerz und Versagen Nähe erfahren. Der Schmerz von Verfolgung und der Schmerz von Versagen dienen dazu, die Nähe Jesu auf tiefere und innigere Weise zu erleben. Wenn unsere Herzen verletzt sind und sich nach Seinem Trost sehnen, können wir Ihn wahrhaft erleben, wann immer wir Ihm den Raum dazu lassen. Wenn wir am Ende sind und Er unser einziger Ausweg ist, dann treten wir in unseren

Kämpfen in eine tiefe Gemeinschaft mit Ihm ein. Jesus ist unser Beschützer und unser Befreier. Der Mann, der vor uns hergegangen ist und alles für uns gegeben hat, damit uns Seine Liebe durchdringen kann, kennt unseren tiefsten Schmerz. In unseren dunkelsten und schwierigsten Zeiten, wenn die meisten Menschen sich von uns zurückziehen, ist Er uns nah. Er geht mit uns auf Schritt und Tritt und Er kennt den Weg, der aus dieser Finsternis herausführt, denn Er ist bereits an diesem Punkt gewesen.

> Denn wir haben nicht einen Hohenpriester, der nicht Mitleid haben könnte mit unserer Schwachheit, sondern der versucht worden ist in allem wie wir, doch ohne Sünde. Darum lasst uns hinzutreten mit Zuversicht zu dem Thron der Gnade, damit wir Barmherzigkeit empfangen und Gnade finden zu der Zeit, wenn wir Hilfe nötig haben.
>
> Hebräer 4,15-16

> So hat er, obwohl er Gottes Sohn war, doch an dem, was er litt, Gehorsam gelernt. Und als er vollendet war, ist er für alle, die ihm gehorsam sind, der Urheber des ewigen Heils geworden.
>
> Hebräer 5,8-9

Das unvollkommene Mitleid, das wir mit anderen in schwierigen Situationen haben, gibt uns einen kleinen Einblick in die Barmherzigkeit Jesu. Die Titelseite der Zeitung mit einem Bild eines ausgesetzten Kindes lässt eine Welle öffentlicher Hilfsbereitschaft losbrechen. Geld wird gespendet, Unterstützungsfonds eingerichtet und Anträge zur Adoption strömen herein. Die meisten Menschen scheinen es so zu sehen, dass man sich den Zerbrochenen und Hilfsbedürftigen anzunehmen hat. Die Sache sieht für uns allerdings schon ganz anders aus, wenn ein Mensch durch absichtliche Sünde einen Scherbenhaufen in seinem Leben angerichtet hat. Soweit reicht unser menschliches Mitleid nicht, um einem Vater zu Hilfe zu kommen, der in einem Wutausbruch sein Kind misshandelt hat, oder dem Alkoholiker, der gerade aus der Entziehungskur entlassen wurde und als Erstes wieder zur Flasche greift. Wir haben kein Verlangen, mit einem Menschen Mitleid zu haben, der sich durch absichtliches falsches Verhalten Schaden zufügt.

In solchen Fällen, in denen Menschen es nicht verdient und sogar jede Art menschlicher Hilfe abgelehnt haben, scheint Gottes Angebot der Nähe unbegreiflich zu sein. Gott bietet immer noch Seine Gnade und Barmherzigkeit an, egal, wie weit wir von Ihm weg sind. Denk einmal einen Moment über deinen eigenen Weg nach. Wenn wir ehrlich sind, müssen wir zugeben, dass Jesus uns nahe war, trotz so viel Sünde und Versagen. Er hat uns festgehalten und uns nicht verlassen. In all unserem Versagen hat Er uns beschützt, bedeckt und uns Seine Heilung geschenkt.

Kaum ein anderes biblisches Beispiel verkörpert diese Realität so gut wie König David. Er war ein Mann nach dem Herzen Gottes, aber trotzdem hat er immer noch genug Unheil für sich und seine Familie angerichtet. Die Chronik seines Lebens pendelt zwischen großen Taten für Gott und Ehebruch hin und her, zwischen der Gründung eines Anbetungsdienstes und dem Heranziehen von hinterlistigen, mordlüsternen Kindern. David zeigte Eigenschaften von Sanftmut und Betrügerei, die oft sogar unmittelbar aufeinander folgten und in ein und demselben Kapitel beschrieben werden. Es gab bestimmt Zeiten, in denen sich David – der Autor vieler Psalmen, die so wortgewandt von der Nähe Gottes zeugen – sehr, sehr alleine fühlte. Aber wir wissen aufgrund der Berichte in der Bibel, dass Gott sich ihm sogar in seinem Versagen nahte. Die besten und gefühlvollsten Psalmen von Gottes Nähe hat David geschrieben, als er völlig versagt hatte.

In Psalm 51 beschreibt er deutlich sein Versagen. Am Ende bezeugt er jedoch, was er inmitten seines Versagens über Gottes Charakter gelernt hat – dass der Herr sich uns selbst angesichts unserer Sünde und unseres Versagens naht.

> Befrei mich von Blutschuld, Herr, du Gott meines Heils, dann wird meine Zunge jubeln über deine Gerechtigkeit. Herr, öffne mir die Lippen und mein Mund wird deinen Ruhm verkünden. Schlachtopfer willst du nicht, ich würde sie dir geben; an Brandopfern hast du kein Gefallen. Das Opfer, das Gott gefällt, ist ein zerknirschter Geist,

ein zerbrochenes und zerschlagenes Herz wirst du, Gott, nicht verschmähen.

Psalm 51,16-19

Gott hat uns auch im Angesicht unserer Schuld und Sünde nicht im Stich gelassen. Er hat uns Schritt für Schritt dort herausgeholt. Er vergibt uns, Er fühlt den Schmerz unseres Versagens und Er schützt uns, indem Er den größten Teil unserer Sünden bedeckt und nicht vor anderen bloßlegt. Er kennt unsere schändlichen Taten, und trotzdem glaubt Er an uns und schenkt uns Ehre und Respekt, den wir nicht verdient haben. Das ist *wirkliche Nähe* und innige Gemeinschaft mit uns in unseren Nöten.

Gott bietet uns eine Dimension inniger Gemeinschaft, auch wenn wir versagen. Das ist das radikalste Zeichen von Vergebung, das es je gegeben hat. Während Jesus in quälenden Schmerzen am Kreuz hing, von den Menschen verspottet wurde und der Trennung vom Vater verzweifelt ausgeliefert war, bot Er Seine Liebe an, weit über das hinaus, was ein Mensch erwarten würde: «*Vater, vergib ihnen ...*» Diese drei Worte stammen aus einem Herzen, das auf innige Gemeinschaft und Nähe gerichtet ist – auch im Angesicht von unbeschreiblicher Not. Es sind die Worte, die aus dem Mund des Einen stammen, der zutiefst danach verlangt, an unserer Seite zu stehen, selbst an unserem Tiefpunkt und in unseren dunkelsten Stunden. Er möchte uns kennen – in unserem Erfolg und in unserem Versagen.

NÄHE ZU UNS IN UNSEREN OPFERN

In einer Szene in dem Film *Die Stunde des Siegers* versucht einer der Charaktere einen anderen dahin zu bringen, weitaus mehr zu vollbringen, als normalerweise von ihm erwartet wird. Er sagt zu ihm: «In Kriegszeiten sind wir alle dazu aufgerufen, große Opfer zu bringen.» Einer unserer Mitarbeiter, ein Vater von drei Jungen, hat diese Zeilen oft gebraucht, um seinen Kindern etwas zu verdeutlichen, wenn sie bestimmte Dinge nicht tun wollten. Wenn sie sich darüber beschwerten, dass sie ihr Zimmer aufräumen oder den Rasen mähen sollten, neckte er sie: «Tut mir leid, Jungs, aber wir alle sind dazu aufgerufen, in Kriegszeiten große Opfer zu bringen.»

Die Kinder fanden das zwar nicht lustig, aber es erinnerte sie daran, dass Opfer nicht nur in schwierigen Zeiten gefordert sind. Wir sind alle dazu aufgerufen, täglich Opfer zu bringen.

Wenn wir in Beziehungen mit anderen Menschen leben, deren Wünsche anders sind als unsere, oder sogar entgegengesetzt, dann wird von uns regelmäßig verlangt, Opfer zu bringen. Das sind die kleinen, routinemäßigen Opfer, aus denen das Leben besteht. Wir erledigen den Abwasch für den anderen. Wenn wir ausgehen wollen, lassen wir den anderen mit entscheiden, wo und was wir essen. Wir sind zuvorkommend, auch wenn sich unsere Wünsche voneinander unterscheiden.

In Bezug auf Opfer bringen gibt es jedoch noch eine zweite Dimension, die das Alltägliche übersteigt. Diese Opfer bestehen nicht aus dem Geben und Nehmen in Beziehungen, sondern sie gehen darüber hinaus und zeigen Christus in uns. Es ist nicht schwierig, Opfer im Leben Jesu zu entdecken. Sein Kommen auf die Erde in menschlicher Gestalt war ein Opfer, dessen Bedeutung wir nicht völlig verstehen können (Johannes 1,1-5). Den Platz zur Rechten des Vaters zu verlassen, um Mensch zu werden und dann auch noch *Sünde* zu werden, so dass wir die Gerechtigkeit Gottes würden, war ein Opfer, über das wir in alle Ewigkeit staunen werden. Engel haben sicherlich voller Fassungslosigkeit zugeschaut, als Er zur Erde hinabstieg und dann ans Kreuz ging.

> Er ist ein für allemal erschienen, durch sein eigenes Opfer die Sünde aufzuheben.
>
> Hebräer 9,26

Er hat den höchsten Preis bezahlt, und deshalb ist Jesus in einzigartiger Weise dazu qualifiziert, uns gerade da in inniger Nähe zu begegnen, wo wir große Opfer bringen. Aus den heroischen Kämpfen, die uns vielleicht das Leben kosten, bis hin zu den kleinen demütigen Opfern jeden Tag, können wir Kraft schöpfen, weil Jesus sie alle anerkennt und würdigt. Er kennt den Schmerz, den es uns kostet, viel besser als wir.

Vielleicht bringst du gerade selbst ein Opfer. Vielleicht bist du still, während eine Menge Gerüchte über dich kursieren. Du könntest dich rechtmäßig verteidigen, aber der Heilige Geist legt dir aufs Herz, es nicht zu tun. Vielleicht befindest du dich in einer Ehe, die viel weniger ist als das, was Gott vorgesehen hat. Deine besten Freunde haben dich auf alle möglichen Rechtfertigungen hingewiesen, um diese Beziehung möglichst rasch zu beenden, aber du weißt tief in deinem Herzen, dass du noch ausharren sollst. Vielleicht bist du dazu gerufen, ein finanzielles Opfer zu bringen, weil jemand, den du kennst, Geld braucht. Und du weißt, dass du dann selbst auf bestimmte Dinge verzichten musst, um dieses Opfer bringen zu können.

In den Augenblicken, in denen wir ein echtes Opfer bringen, kommen wir dem Charakter Jesu näher. Damit erklärt sich auch, warum alle Mächte der Finsternis in diesen Zeiten auf uns einzustürmen scheinen. Plötzlich kämpfen wir mit allen möglichen Gefühlen in unserem Herzen. *Ist es das überhaupt wert? Weiß überhaupt jemand, was für einen Preis ich hier bezahle?* Genau dann, wenn wir mit bereitwilligem Herzen die Entscheidung für das Opfer getroffen haben, fangen auf einmal die Zweifel an und viele überlegen hin und her, ob sie es tatsächlich tun sollen. Innerlich wollen sie, dass jeder weiß: «Ich bringe hier ein großes Opfer, aber es widerstrebt mir und ich will, dass zumindest die ganze Welt weiß, was ich hier tue!»

Durch die Menschheitsgeschichte hindurch hat sich das Herz Jesu mit den Menschen verbunden, die Opfer gekannt haben. Sein Auge richtet sich auf die, die gegeben haben, ohne von anderen dafür anerkannt zu werden – von den Märtyrern des ersten Jahrhunderts bis hin zur Mutter im heutigen Jahrhundert, die ihre Zeit und Energie für ihre Kinder opfert. Er sieht unsere Herzen und kennt all unsere großen und kleinen Entbehrungen. In der Nähe zu Ihm finden wir die Kraft, weiterzugehen. Die Frustration schwindet, wenn wir bezeugen: «Ich kann es tun. Ich vermag alles durch den, der mich mächtig macht – Christus.» Und schließlich finden wir eine gewisse Freude am aufopferungsvollen Geben, weil wir in unserem Opfer näher zu Jesus kommen. Paulus kannte diese Nähe zu Jesus in Zeiten, die ihn Opfer kosteten. Der feurige jüdische Evangelist, der einst die Gemeinde Christi verfolgt hatte, wurde zu einem apostolischen Leiter vieler wachsender Gemeinden. Und so war er dazu gerufen, immer wieder Opfer zu bringen, denn diese Gläubigen beanspruchten seine Zeit, seine Energie und seine Emotionen.

> Wenn auch mein Leben dargebracht wird zusammen mit dem Opfer und Gottesdienst eures Glaubens, freue ich mich dennoch mit euch allen.
>
> Philipper 2,17

> Ja, ich erachte es noch alles für Schaden gegenüber der überschwenglichen Erkenntnis Christi Jesu, meines Herrn. Um seinetwillen ist mir das alles ein Schaden geworden, und ich erachte es für Dreck, damit ich Christus gewinne und in ihm gefunden werde ... Ihn möchte ich erkennen und die Kraft seiner Auferstehung und die Gemeinschaft seiner Leiden und so seinem Tode gleichgestaltet werden ...
>
> Philipper 3,8-10

Paulus erkannte den inneren Wert in der Nähe zu Christus – die Freude am Opfer bringen. Jesus möchte in solchen Momenten an unsere Seite treten, in denen wir uns fragen, ob überhaupt jemand versteht, was für ein Opfer wir hier bringen. Er will uns in diesen Momenten Freude schenken, so dass wir uns für andere hingeben können. Außerdem haben diese Erfahrungen der Nähe zu Jesus in Zeiten des Opferbringens auch eine Bedeutung, die über dieses Zeitalter hinausreicht. Im kommenden Zeitalter wird Er all der Opfer gedenken, die wir während unseres christlichen Lebensweges erbracht haben. Es wird uns völlig überraschen, wenn Er uns an Opfer erinnert, die wir schon längst vergessen haben und wenn Er uns erzählt, was Er empfunden hat, als wir uns um Seinetwillen für andere hingegeben haben.

> Denn Gott ist nicht ungerecht, dass er vergäße euer Werk und die Liebe, die ihr seinem Namen erwiesen habt, indem ihr den Heiligen dientet und noch dient ...
>
> Hebräer 6,10

> Und wer einem dieser Geringen auch nur einen Becher kalten Wassers zu trinken gibt, weil es ein Jünger ist, wahr-

> lich, ich sage euch: es wird ihm nicht unbelohnt bleiben.
>
> Matthäus 10,42

NÄHE IN DEN SEHNSÜCHTEN UNSERES HERZENS

Der Eine, der uns im Mutterleib bereitet hat und unsere Größe sieht – jetzt und in der Ewigkeit – leitet unser Leben. Er hat einen bestimmten Plan und eine einzigartige Berufung für jeden Einzelnen, denn Er kennt die einzigartigen Gaben und Fähigkeiten, die Er in uns hineingelegt und mit denen Er uns geschaffen hat.

> HERR, du erforschest mich und kennest mich. Ich sitze oder stehe auf, so weißt du es; du verstehst meine Gedanken von ferne. Ich gehe oder liege, so bist du um mich und siehst alle meine Wege. Denn siehe, es ist kein Wort auf meiner Zunge, das du, HERR, nicht schon wüsstest. Von allen Seiten umgibst du mich und hältst deine Hand über mir. Diese Erkenntnis ist mir zu wunderbar und zu hoch, ich kann sie nicht begreifen ... Denn du hast mein Innerstes bereitet und hast mich gebildet im Mutterleibe. Ich danke dir dafür, dass ich wunderbar gemacht bin; wunderbar sind deine Werke; das erkennt meine Seele. Meine Gestalt war dir nicht verborgen, als ich im Verborgenen gemacht wurde, als ich gebildet wurde unten in der Erde. Deine Augen sahen mich, als ich noch nicht bereitet war, und alle Tage waren in dein Buch geschrieben, die noch werden sollten und von denen keiner da war.
>
> Psalm 139,1-16

Der Herr sieht uns vom Ziel her und kennt das Ende schon am Anfang. Er weiß genau, was uns begeistert und was in unserem Herzen vorgeht. Er kennt unser tiefstes Verlangen und unsere größten Träume. Er weiß, was unsere Leidenschaft weckt und wie sie Teil Seines großen Planes mit uns ist.

Wenn du das nächste Mal in einer Gruppe von Menschen unterschiedlichen Alters bist, nimm ein kleines Experiment vor. Frag die Kinder, was sie werden wollen, wenn sie groß sind. Die

Antworten werden schnell und gezielt kommen. Polizist, Feuerwehrmann, Ballerina, Wissenschaftler, Fußballspieler, Arzt und ein halbes Dutzend Astronauten und Rennfahrer. Es scheint so, als bräuchten sie nicht mal eine Sekunde, um darüber nachzudenken. Sie haben schon längst darüber nachgedacht und sie schämen sich nicht, es zu verkünden. Sie teilen ihr Vorhaben selbstbewusst mit, egal, wie realistisch oder unrealistisch es ist. Danach frag die Erwachsenen, was sie am liebsten in ihrem Leben tun würden. Du kannst dich auf leere Blicke und sprachlose Gesichter vorbereiten. Die meisten werden Schwierigkeiten haben, das in Worte zu fassen, was sie tun möchten. Meistens bekommt man Allgemeinplätze als Antwort: «Was immer Gott für mich hat, das will ich tun.» Natürlich ist es gut, das tun zu wollen, was Gott für einen hat – aber die Antwort an sich vermittelt eher ein gewisses Maß an Unsicherheit, Orientierungslosigkeit und sogar Unverbindlichkeit. Einige erwecken den Eindruck, dass sie eigentlich nie richtig darüber nachdenken, was sie mit ihrem Leben tun wollen. Aber Gott denkt viel darüber nach, was Er mit uns vorhat. In Wahrheit haben die Erwachsenen schon oft darüber nachgedacht, was sie mit ihrem Leben tun wollen. Sie haben viele schlaflose Nächte mit dieser Frage verbracht und viel dafür gebetet. Aber wenn sie danach gefragt werden, scheint ihnen die Zunge am Gaumen zu kleben und sie sind blockiert. Warum ist das so?

Unter vielen Christen ist eine falsche Demut verbreitet, die die Sehnsüchte und Leidenschaft unserer Herzen verleugnet. Sie hat ihre Wurzeln in der extremen pietistischen Ausrichtung auf Heiligkeit. Wir tendieren dazu, alles als falsch anzusehen, was uns begeistert und Freude macht. Wenn es etwas gibt, was wir leidenschaftlich gern tun würden, dann muss es in direktem Widerspruch zu Gottes Plan für den Kosmos stehen. *Gott* hat nichts mit *Spaß*, mit *Freude* oder mit *Begeisterung* zu tun. Und so wird ein Mensch, der mit acht Jahren von allen möglichen Wünschen und Plänen übersprudelte, plötzlich mucksmäuschenstill, wenn im Erwachsenenalter der Gedanke von Berufung und Bestimmung auftaucht. *Berufung – Bestimmung? Nicht für mich. Vergiss es. Ich will nur dem Herrn dienen ...* Was aber, wenn du beides verwirklichen könntest? Was, wenn du die Träume deines Herzens leben und Gott gleichzeitig mit ganzem Herzen dienen könntest? Es ist möglich. Es ist sogar so, dass du das Eine ohne das Andere gar nicht tun kannst.

Psalm 37,4 sagt uns: «Freu dich innig am Herrn! Dann gibt er dir, was dein Herz begehrt.» Dieser Vers ist ganz unterschiedlich interpretiert worden. Ich habe die Auslegung gehört, die besagt, dass wenn du Gott von ganzem Herzen liebst, Er dich auf deinem Weg hie und da segnen wird – zum Beispiel mit einem Auto, das du schon immer wolltest, oder einem Platz an der Sonne mit Swimmingpool. Aber wenn das so wäre, dann würde Gott eher die Funktion eines Weihnachtsmanns erfüllen, zu dem wir beten und der dann dementsprechend zahlt oder belohnt. Aber Gott ist unser Himmlischer Vater. Eine andere Auslegung besagt, dass Gott auf übernatürliche Weise *Seine* Wünsche in unser Herz hineinlegt. Es gibt zwar eine Rechtfertigung für diesen Gedanken – denn Gott legt Wünsche in unsere Herzen – aber wenn wir das zu wörtlich nehmen, scheint Gott eher ein Marionettenspieler zu sein, der uns Seine Wünsche aufdiktiert und uns Glauben macht, dass auch wir das wollen, was doch letztendlich *Sein Wille* ist. Wenn man diese Sicht konsequent weiterverfolgt, kreieren wir einen Gott, der eine Art Gehirnwäsche mit uns betreibt, so dass wir meinen, wir müssten uns an Seiner Manipulation freuen.

Ich glaube, dass diese Schriftstelle noch eine andere Deutung erlaubt – nämlich, dass die Leidenschaft und Wünsche unseres Herzens die innige Gemeinschaft mit Christus ausdrücken. Gott hat Wünsche in unser Herz hineingelegt, aber nicht, um uns zu kontrollieren, sondern um uns in unser volles Potential hineinzuführen. Es gibt einen Grund, warum du so viel Freude hast, wenn du bestimmte Dinge tust. Es gibt einen Grund, warum dich manche Dinge so beflügeln. Vielleicht wurdest du genau für diese Aufgaben geschaffen. Der Prediger, der genauso erfüllt ist, egal, ob er vor fünf oder fünftausend Menschen predigt, wurde zum Predigen geschaffen. Der Musiker, der mit der gleichen Leidenschaft in einem leeren Gebetsraum spielt wie auch in einem voll besetzten Saal, wurde dazu geschaffen, zu musizieren. Der Geschäftsmann, der aus seiner Arbeit Freude schöpft, wurde für diese Arbeit geschaffen. Gott hat diese Wünsche in das jeweilige

Herz gelegt. Gott weiß, was in jedem Einzelnen von uns lebt und Er versteht die Wünsche und Leidenschaften, die Er ganz gezielt für unser Herz geschaffen hat. Wenn wir sie zum Ausdruck bringen, ist Sein Herz mit Freude erfüllt und wir können etwas von Seiner Freude erleben.

Eric Liddell lief für das Britische Team bei den Olympischen Spielen 1924 im Kurzsstreckenlauf. Die Geschichte seiner athletischen Karriere und wie sie sich auf sein Leben auf dem Missionsfeld auswirkte, ist in dem Film *Die Stunde des Siegers* beschrieben. In einer Szene in dem Film hinterfragt seine Schwester seine Motive, bei den Olympischen Spielen laufen zu wollen. Er antwortet ihr: «Ich glaube, dass Gott mich für etwas Bestimmtes geschaffen hat, aber Er hat mich auch schnell gemacht. Und wenn ich laufe, spüre ich Seine Freude.» Die Leidenschaft mit jemand anderem zu teilen, ist Ausdruck einer sehr persönlichen, innigen Vertrautheit und sie führt uns zu der Frage: Jesus, was sind die Wünsche und Leidenschaften Deines Herzens? Was kann ich tun, um Deine Freude zu spüren? Wenn wir glauben, dass Er unsere Begeisterung für bestimmte Dinge teilt, fangen auch wir an, gezielt zu fragen, woran *Er* sich freut. Wenn wir wissen, dass Er unsere Leidenschaften teilt, verlangen auch wir danach, Seine Leidenschaft zu teilen. Es ist ein ganz natürlicher Ausdruck von Nähe, und so werden wir mehr eins mit Ihm.

Viele Menschen haben kein Vorstellungsvermögen für Nähe ohne Scham. Sie haben ihr ganzes Leben lang in Beziehungen gelebt, die mehr ein Kompromiss waren, anstatt Nähe zu vermitteln. Was ihnen an «Nähe» begegnet ist, war meistens mit Scham verbunden, weil sie wussten, dass sich alles außerhalb einer verbindlichen Beziehung abspielte. Jesus sagt zu einer Welt, die sich nach Nähe ohne Scham sehnt: «Ich bin hier, um dir zu begegnen. Ich freue Mich mit dir in deinem Erfolg. Ich weine mit dir in Zeiten von Schmerz und Versagen. Ich verstehe die Opfer, die du bringst und Ich bekräftige die Leidenschaften in deinem Herzen, die dich einzigartig machen. Ich werde dir wirklich nahe sein – Ich werde dich kennen und du wirst Mich kennen – und es wird keine Scham in dieser Nähe geben.»

KAPITEL SECHS

DIE SEHNSUCHT, HINGEGEBEN ZU SEIN

Sie hatten sich gezielt um Ihn versammelt und sie waren fest entschlossen, sich durch nichts von ihrem Vorhaben abbringen zu lassen. Dieser Rabbi aus Galiläa hatte nun schon seit längerem für einiges Aufsehen gesorgt, und es war nun langsam an der Zeit, Ihm eine Lehre zu erteilen. Es war zunehmend schwerer geworden, die Menschen unter Kontrolle zu halten, die Jesus hatten predigen hören. Die Pharisäer waren auf der Hut. Sie hatten davon gehört, dass Jesus den Sadduzäern mit Seiner meisterhaften Kenntnis der Heiligen Schrift das Maul gestopft hatte, und sie wollten unter keinen Umständen, dass ihnen das Gleiche passiert. Deshalb sollte der Cleverste unter ihnen den ersten Versuch wagen. Ein Schriftgelehrter, der sowohl die Gesetze des Landes als auch die Lehre der Propheten kannte, stellte Ihm die Frage, um Ihn zu prüfen. «Meister, welches ist das höchste Gebot im Gesetz?»

Alle Augen richteten sich auf den Rabbi. Er hielt einen Moment lang inne – nicht, weil Er nach einer Antwort gesucht hätte, sondern um die Gewichtigkeit der Frage im Raum stehen zu lassen. Dann begann Er, ihm zu antworten: «‹Du sollst den Herrn, deinen Gott, lieben mit deinem ganzen Herzen und mit deiner ganzen Seele und mit deinem ganzen Verstand.› Dies ist das größte und erste Gebot. Das zweite aber ist ihm gleich: ‹Du sollst deinen Nächsten lieben wie dich selbst.› An diesen zwei Geboten hängt das ganze Gesetz und die Propheten» (Matthäus 22,37-40).

Ein Raunen ging durch die Menge. Das waren keine neuen Ideen, sie basierten direkt auf der Heiligen Schrift (5. Mose 6,5; 3. Mose 19,18). Die Aufregung in der Menge entstand weniger der Worte wegen, als der Autorität wegen, mit der Jesus sie aussprach. Jesus zitierte hier nicht nur eine Schriftstelle, Er leierte auch keine vorgegebene Antwort herunter, um eine Prüfung zu bestehen. Er prophezeite, wie Israel in der Zukunft zu Gott stehen würde. «Du sollst deinen Gott von ganzem Herzen lieben», rief Er über das Volk Israel aus. Diese Proklamation ist nicht eine reine Informationsübertragung, sondern vielmehr eine prophetische Weissagung vom Himmel: Die Zeit wird kommen, da das Volk Gottes seinem Gott voller Liebe und mit ganzem Herzen nachfolgen wird, und nicht mehr mit gedankenlosen Ritualen oder Gleichgültigkeit. Sein Volk wird ein Volk sein, das Ihn leidenschaftlich liebt. Gott wird ein Volk haben, das Ihn mit seinem ganzen Sein lieben wird. Auf der ganzen Welt richtet der Heilige Geist den Blick auf diese Wahrheit und dieses Gebot: «Liebe den Herrn, deinen Gott, von ganzem Herzen.»

Gott wird im Leib Christi das erste Gebot wieder an die erste Stelle setzen. Wenn das geschieht, werden wir unserem Gott die tiefste Liebe und Zuneigung schenken. Die Freude, «liebeskrank» zu sein, ist atemberaubend. Es liegt eine beflügelnde Kraft und Freude darin, krank vor Liebe nach Jesus zu sein. Loyale, heilige Liebe befreit uns von dem Erschöpfungssyndrom der geistlichen Langeweile. Langeweile macht uns anfälliger dafür, dass zerstörerische Dynamiken in unser Leben Einzug halten. Aber Gott wird, da Er ein leidenschaftlicher Gott ist, die Kraft der Leidenschaft in uns hineinlegen. Gott mit ganzer Kraft zu lieben bedeutet, Ihn zu lieben, ohne dass unsere Energie verzehrt, reduziert oder erschöpft wird. Wir können unser Potential nicht ausleben, wenn wir unsere Herzen nicht auf diese Weise Gott hingeben. Halbherzigkeit lässt den Glanz verblassen, der uns als Menschen zukommt. Wir sehnen uns danach, Gott von ganzem Herzen zu lieben und keine Kompromisse oder Unreinheit mehr in unseren Herzen zu haben. Gott hat uns die Sehnsucht gegeben, Ihn von ganzem Herzen zu lieben. Und wenn wir es zulassen, dann schenkt Er uns die Kraft, ganz hingegeben sein zu können. Und als Antwort auf unsere Ganzherzigkeit empfangen wir das Geschenk Seiner Liebe; Er schenkt sich uns selbst mit Seinem ganzen Herzen.

Wir können das Vollmaß unseres menschlichen Potentials nur erreichen, wenn wir Gott von ganzem Herzen lieben. Die träge Gemeinde Christi von heute braucht eine Vision für die

Freuden, die in der Liebe zu Gott liegen. Als ich das Buch *Verliebt in Dich* schrieb, wollte ich diese Vision im Leib Christi wecken.[10] Gott will unsere Ganzherzigkeit nicht zu Seiner eigenen Genugtuung. Er ist kein unsicheres Wesen, das bei seinen Geschöpfen nach Anerkennung sucht. Er weiß genau, wer Er ist und was Er vermag. Er will unsere Ganzherzigkeit zu unserem eigenen Wohl. Erst wenn wir Gott von ganzem Herzen lieben, werden wir die Fülle unseres Menschseins erleben, die Gott für uns gedacht hat.

Unsere emotionale Kapazität für Liebe ist immens. Wir wurden für die Liebe geschaffen, und Gott wird uns dazu befähigen, Seine Liebe zu empfangen und sie zu erwidern. Wir brauchen Gott, um Gott lieben zu können, und wir müssen erst Gottes übernatürliche Kraft empfangen, die uns dazu befähigt, Ihn zu lieben. Das übernatürliche Wirken Seines Geistes befähigt uns zu uneingeschränktem Gehorsam. Paulus sagte es so: «Die Liebe Gottes ist ausgegossen in unsere Herzen durch den heiligen Geist» (Römer 5,5). Der Heilige Geist füllt unsere Herzen mit Gottes Liebe, unabhängig von unserem Persönlichkeitstyp, unserer Vergangenheit, unseren Verwundungen oder unserer Zerbrochenheit. Das ist ein übernatürliches Wirken, das alle menschlichen Gegebenheiten übersteigt.

Diese wunderbare Liebe ist der einzige Weg, wie wir als Braut Jesu an Seiner Seite leben können. Unser Verlangen nach Gott ist Sein Geschenk an uns. Unser höchster Lohn besteht darin, Liebe zu spüren und zu empfangen, und sie dann durch die Kraft Gottes zu erwidern. Der Erfolg unseres Lebens wird nicht daran gemessen, wie sehr unser Dienst gewachsen ist, sondern wie sehr unsere Liebe zu Gott und zu anderen gewachsen ist. Schon hier und jetzt können wir von der Liebe Gottes beflügelt werden, so dass sie der zentrale Brennpunkt in unserem Leben wird. Das ist unser Lohn, den wir bereits in diesem Zeitalter empfangen. Es ist eine unbeschreibliche Freude. David sang von der Freude dieser ganzherzigen Hingabe in Psalm 40: «Deinen Willen zu tun,

10 Die englische Originalausgabe heißt: *The Pleasures of Loving God* (wörtlich: Die Freuden, Gott zu lieben). Die deutsche Ausgabe ist erschienen im ASAPH Verlag, Lüdenscheid, unter dem Titel: *Verliebt in Dich*.

mein Gott, macht mir Freude, und deine Weisungen trage ich in meinem Herzen» (Psalm 40,9).

GOTTES GLÜHENDE LEIDENSCHAFT

Gottes Kapazität für brennende Liebe und glühende Leidenschaft ist einer der einzigartigsten Aspekte Seines Wesens. Geliebt zu werden und diese tiefe Liebe zu erwidern wiederum, ist eine einzigartige Fähigkeit des menschlichen Geistes. Diese Kapazität für Liebe und Zuneigung führt uns auf unvorstellbare Höhen in unserem natürlichen und geistlichen Leben, aber sie kann uns auch zu Fall bringen, wenn sie uns in die Tiefen schmerzlicher Perversion zieht. Wenn das brennende Verlangen eines Menschen nach Liebe abgelehnt wird, wird ein zerstörerisches Potential freigesetzt. Gefühle können uns, wenn wir Gottes Gnade bejahen, auf Höhen führen, die sogar die Erfahrungswelt der Engel übersteigen. Wenn wir aber Seine Gnade verneinen, können sie uns auch in die Tiefen der Finsternis führen.

In 2. Mose 20,5 lesen wir: «Denn ich, der HERR, dein Gott, bin ein eifernder Gott ...» Gott hat eifernde, glühende Gefühle für uns, und Er hat uns mit den gleichen Gefühlen für Ihn geschaffen. Ein Beispiel dafür finden wir in dem brennenden Eifer, den Pinhas für Gott hatte:

> Und Israel fing an Unzucht zu treiben mit den Töchtern Moabs; und diese luden das Volk zu den Opfern ihrer Götter ein, und das Volk aß und warf sich nieder vor ihren Göttern. Und Israel hängte sich an den Baal-Peor. Da entbrannte der Zorn des HERRN gegen Israel ... Und siehe, ein Mann von den Söhnen Israel kam und brachte eine Midianiterin zu seinen Brüdern vor den Augen Moses und vor den Augen der ganzen Gemeinde der Söhne Israel, als diese am Eingang des Zeltes der Begegnung weinten. Und als der Priester Pinhas, der Sohn Eleasars, des Sohnes Aarons, des Priesters, das sah, stand er aus der Mitte der Gemeinde auf und nahm einen Speer in seine Hand; und er ging dem israelitischen Mann nach in das Innere und durchbohrte die beiden, den israelitischen Mann und die Frau, durch ihren Unterleib. Da

wurde die Plage von den Söhnen Israel zurückgehalten ... Und der HERR redete zu Mose und sprach: «Der Priester Pinhas, der Sohn Eleasars, des Sohnes Aarons, des Priesters, hat meinen Zorn von den Söhnen Israel abgewendet, indem er in meinem Eifer mitten unter ihnen geeifert hat. So habe ich die Söhne Israel in meinem Eifer nicht vernichtet.»

4. Mose 25,1-11

HEILIGE LIEBESGESCHICHTE

Die Botschaft des Evangeliums in Bezug auf Heiligkeit bedeutet nicht – wie bereits erwähnt –, dass wir unsere Zähne zusammenbeißen und versuchen sollten, es *besser zu machen*. Stattdessen bringt die Botschaft die Menschen in das hinein, was ich als «Heilige Liebesgeschichte des Evangeliums» bezeichne. Der Begriff findet sich in der Heiligen Schrift nicht als solcher wieder, aber ich habe ihn über viele Jahre hinweg gebraucht, um zu beschreiben, was in einem menschlichen Herzen geschieht, das von der Liebe Gottes ergriffen wird. Auch die Begriffe *Dreieinigkeit* oder *Entrückung* stehen nicht in der Heiligen Schrift, aber sie sind hilfreich, um eine wichtige biblische Wahrheit auszudrücken. Wenn ich von der «heiligen Liebesgeschichte» spreche, dann beziehe ich mich auf das, was in dem Herzen eines Menschen geschieht, das, von der heiligen Liebe Jesu entzündet, nun ebenfalls mit heiliger Liebe für Ihn brennt. Das ist eine Liebe, die Menschen dazu führt, auf ganz verschiedenen Ebenen ihres Lebens Opfer zu bringen, sogar bis in den Tod.

Als Paulus über seine Opfer für Gott nachdachte, bezeugte er, dass alles, was er aufgegeben hatte, Dreck war im Vergleich zu der Herrlichkeit, Christus zu kennen. Er gab eine brillante Karriere mit einer großen finanziellen Absicherung auf, aber er sah das alles lediglich als ein Haufen Asche an. Das ist der Inbegriff dessen, was ich unter Heiliger Romantik oder Liebesgeschichte verstehe. Einige haben diese Bezeichnung genommen und pervertiert. Sie haben eine Irrlehre verbreitet, in der eine sexuelle Betonung auf die geistliche Beziehung mit Jesus gelegt wird – und das alles im Namen der «heiligen Liebesgeschichte». Das ist eine Verführung durch den Feind, um so die wahre Erkenntnis über die Stellung des ersten Gebots im Leben eines Menschen zu untergraben. Die heilige, romantische Liebe bezieht sich auf ein brennendes Herz wie es Johannes der Täufer oder Paulus hatten. Sie beinhaltet, was in Offenbarung 12,11 bezeugt wird: «Und sie haben ihn überwunden durch des Lammes Blut und durch das Wort ihres Zeugnisses und haben ihr Leben nicht geliebt, bis hin zum Tod.»

Wenn Jesus die heilige Faszination unseres Lebens wird, spielt materielle und äußerliche Belohnung nur eine zweitrangige Rolle. Wir werden stark und mutig in der Gnade Gottes, wenn es unser primäres Ziel ist, Gott zu lieben. Ich nenne es die Salbung des ersten Gebots. Das ist unser größter Lohn in diesem Leben. Wo immer wir uns auch befinden ist diese Salbung auf uns, selbst in Wüstenzeiten und Durststrecken. Aus dieser Perspektive sieht das Leben völlig anders aus, denn egal, was auch passiert, wir haben ein Lied in unserem Herzen, das unseren inneren Menschen bewegt und unser Herz für Gott öffnet. Wenn Jesus unser größter Lohn ist, können wir alles um des Evangeliums willen verlieren und dennoch erfolgreich sein.

> Aber was auch immer mir Gewinn war, das habe ich um Christi willen für Verlust geachtet; ja wirklich, ich achte auch alles für Verlust um der unübertrefflichen Größe der Erkenntnis Christi Jesu, meines Herrn, willen, um dessentwillen ich alles eingebüßt habe und es für Dreck achte, damit ich Christus gewinne.
>
> Philipper 3,7-8

Paulus' Leben als Nachfolger Jesu war mit Prüfungen und Leiden gefüllt (2. Korinther 11,23-28), aber inmitten der schweren Zeiten war seine Liebe zu Jesus größer als der Schmerz, und er erachtete seine Leiden nicht wert, mit dem gemessen zu werden, was Gott ihm in der Beziehung zu Jesus geschenkt hatte. Paulus sah seine Schwierigkeiten als vorübergehende, leichte Leiden an. So schrieb er:

> Denn unsre Trübsal, die zeitlich und leicht ist, schafft eine ewige und über alle Maßen gewichtige Herrlichkeit …
>
> 2. Korinther 4,17

> Denn ich bin überzeugt, dass dieser Zeit Leiden nicht ins Gewicht fallen gegenüber der Herrlichkeit, die an uns offenbart werden soll.
>
> Römer 8,18

Die heilige Liebesgeschichte bedeutet, dass wir unseren Ruhm in der Fähigkeit finden, in heiliger Liebe und uneingeschränktem Gehorsam Jesus gegenüber wandeln zu können. Kein Opfer wird zu groß sein, wenn unsere Herzen von Seiner Liebe entzündet sind. Wir sind immer wieder fasziniert, wenn wir Zeugnisse von Menschen mit ganzherziger Hingabe hören. Ob das nun die Geschichte eines Topsportlers ist, eines erfolgreichen Geschäftsmannes, eines Schauspielers oder ob jemand das scheinbar Unerreichbare erreicht hat; wir alle lieben Geschichten von Menschen, die alles gegeben haben, weil diese Geschichten widerspiegeln, wozu wir geschaffen wurden und wie wir eigentlich leben sollten. Es gibt nichts Faszinierenderes als den Wunsch, der zusammen mit Hingabe die Norm überschreitet und das erreicht, wovon viele andere nur träumen.

Hollywood hat Milliarden an Dollars mit Filmen eingespielt, in denen mutige, leidenschaftliche Liebe zelebriert wird. Jede Liebesgeschichte hat dasselbe Grundmuster, und doch zieht es die Leute immer wieder ins Kino, um das gleiche Strickmuster wieder aufs Neue zu sehen. Warum ist das so? In uns sehnt sich etwas nach einer Liebe, die keine Grenzen kennt; eine Liebe, die jedes Opfer auf sich nimmt, um den Geliebten oder die Geliebte für sich zu gewinnen. Von *Romeo und Julia* bis hin zu *Casablanca* und *Titanic* stellen die Klassiker durch die Jahrhunderte eine radikale Liebe dar, die kein Opfer scheut. Meistens enden diese Geschichten tragisch, denn Tragik ist das Einzige, was wir erfahren können, wenn wir nach diesen irdischen Schattenbildern wahrer Liebe streben. Aber diese Geschichten vermitteln die Wahrheit, dass ein Leben nur lebenswert ist, wenn das Herz mit leidenschaftlicher Liebe brennt. Und wir sind begierig nach solchen Geschichten. Wir feiern die Leidenschaft in anderen und sind begeistert von denen, die mit ihrem ganzen Herzen lieben, weil wir selbst auf diese Weise lieben wollen. Und wir wollen auf diese Weise lieben, weil Gott uns dazu geschaffen hat, so zu lieben. Das ist das Herrliche am Evangelium.

Keine Freude ist höher als die Freude, die wir erleben, wenn Gott uns mit Seiner Liebe, Seiner Leidenschaft und Seinem Herzen berührt. Das ist das Leben von seiner besten Seite. Diese kostbaren Momente mit Gott füllen unser Innerstes mit Leben, Liebe und geistlicher Vitalität. Natürlich erleben wir nicht unentwegt und ununterbrochen die spürbare Liebe Gottes in diesem Leben. Diese ergreifenden Begegnungen mit Gottes Gegenwart kommen und gehen. Erst im zukünftigen Zeitalter werden wir unentwegt die Köstlichkeit Seiner Gegenwart erleben. Wenn ich diese kostbaren Momente mit Gott erlebe, dann sage ich zu mir selbst und zu Gott: «Oh, ich liebe das Leben. Das Leben ist einfach gut!» Wenn Gott mich mit Seiner Liebe überströmt, dann fließt sie von mir zurück zu Ihm. Wenn ich die Liebe erwidere, dann empfange ich eine noch größere Offenbarung Seiner Zuneigung, und der Kreislauf wird stets gesteigert. Aber dennoch wird es im zukünftigen Zeitalter eine viel tiefere Erfahrung Seiner Liebe geben.

Wenn sich die Krisen der Welt zuspitzen und auf das zusteuern, was die *Große Trübsal* genannt wird, wird die Gemeinde Christi nur dann vorbereitet sein, wenn sie durch die Kraft der heiligen Romantik mit Gott gefüllt ist. Die Gemeinde wird die Not der letzten Tage, sogar das Märtyrertum, durch die Augen der Liebe interpretieren können. Wenn die zeitlichen Gerichte Gottes über die Einwohner der Welt ergehen werden, wird die Endzeitgemeinde – die Braut Christi – die Manifestation von Gottes gnädiger Hand und Barmherzigkeit sehen. Der Leib Christi muss die Vision für diese heilige Liebesgeschichte haben, um dem Ganzen Sinn verleihen zu können, wenn Jesus als Richter die Nationen der Erde in der Großen Trübsal richten wird. Wir werden Gottes Gerichte nicht verstehen können, wenn wir nicht die Offenbarung haben, dass sie mit der Liebe des Bräutigams zu Seiner Braut zu tun haben.

DIE VERLORENE DIMENSION UNSERER ERLÖSUNG

Die Reformatoren des 16. Jahrhunderts haben das Christentum durch die Wiederbelebung der grundlegenden Wahrheit des Evangeliums geprägt – dass wir allein durch Glauben und allein durch Gnade gerettet sind. Es war eine unglaublich befreiende Erfahrung für die Menschen, als sie verstanden, dass die Gabe der Gerechtigkeit einfach durch Glauben empfangen werden kann. Es war, als kämen sie aus der Finsternis hinein in das Licht. Erlösung besteht aus einem wunderbaren Tausch, bei dem Jesus unsere Sünde und Schuld nimmt und wir Seine Gerechtigkeit empfangen. Die Lehre der Rettung, Heiligung und der Sohnschaft ist unendlich wertvoll, weil sie unsere rechtliche Position in Christus hervorhebt. Dies ist grundlegend für einen gesunden Wandel mit Gott und ein wichtiger Bestandteil der Botschaft vom Kreuz.

Leider sind einige der reformierten evangelikalen Bewegungen scholastisch und eigensinnig geworden, indem sie die Beziehung zu Gott auf unseren rechtlichen Stand der Gerechtigkeit vor Ihm reduziert haben. Das Evangelium beinhaltet mehr, als nur einen Stempel «Bewilligt» in unserem Reisepass zum Himmel zu bekommen. Ja, dieses «Bewilligt» ist sicherlich eine gute Nachricht, aber es ist nicht die Fülle des Evangeliums. Gottes Herz ist von uns bezaubert. Es ist mit Freude an Seinem Volk gefüllt (Hohelied 4,9). Im Hohenlied Salomos erkennt die Braut genau diese Wahrheit und ruft aus: «Ich gehöre meinem Geliebten und Ihn verlangt nach mir» (Hohelied 7,11). Was für eine Aussage! Das Herz der Braut ist mit dieser Offenbarung entzündet und so ruft sie hinaus, dass sie ihrem König gehört und warum sie ganz Sein ist.

Rettung beinhaltet unsere Gerechtigkeit vor Gott, aber ebenfalls die innige Nähe zu Ihm, eine Beziehung, die aus einem Geben und Nehmen von tiefer Liebe und Zuneigung besteht zwischen unserem Herzen und Gottes Herzen. Wenn Gott uns mit Seiner Liebe und Seinem Verlangen nach uns berührt, können wir in ähnlicher Weise auf Ihn reagieren. Johannes sagte es so: Wir lieben Ihn, weil Er uns zuerst geliebt hat (1. Johannes 4,19). Ein intellektuelles Verständnis von unserer rechtmäßigen Stellung vor Gott allein genügt nicht, denn wir sind dazu bestimmt, weitaus mehr Leidenschaft für unseren Gott zu haben als lediglich das Gefühl einem Richter gegenüber, der uns einen Strafzettel erlässt. Wir müssen verstehen, was Gott für uns empfindet. Die Offenbarung des liebenden, leidenschaftlichen Gottes muss der Pulsschlag unseres Dienstes sein, egal ob wir andere zu Christus führen, ob wir die Bibel lehren, ob wir für Kranke beten oder einen Hauskreis leiten. Obwohl Gott keinen Mangel hat, verlangt Er nach unserer Liebe. Er, der unser nicht bedarf, strömt über voller Verlangen nach uns.

Das erste Gebot muss an erster Stelle unseres Lebens stehen. Wenn das nicht der Fall ist, leben wir ein Leben in Langeweile, und wir sind eine schutzlose Beute für den Feind. Dem menschlichen Herzen tut Halbherzigkeit nicht gut. Es wird passiv und deshalb für viele destruktiven Lüste angreifbar. Wenn wir emotional gesund sein wollen, müssen wir ganzherzig und in voller Hingabe an Ihn leben. Manche Seelsorgedienste im Leib Christi versuchen, Menschen dabei zu helfen, emotionale Heilung zu finden, ohne darauf zu bestehen, dass die Hilfesuchenden ein Leben in ganzherziger Hingabe an Gott leben. Ganzherzigkeit ist notwendig, um emotional heil zu werden. Aber viele Gläubige versuchen, Sicherheit und Glück in der Gnade Gottes zu finden, ohne sich Gott völlig hinzugeben. Sie suchen nach einer Möglichkeit, ihren fleischlichen Lebensstil durch Gnade zu rechtfertigen.

DURCH DIE KRAFT DER LIEBE LEBEN

Wenn wir von der Liebe beflügelt leben und Kraft in Gottes Leidenschaft für uns finden, wird dies unser Christsein revolutionieren. Menschen, die verliebt sind, geben nicht so schnell auf wie diejenigen, die nicht verliebt sind. Verliebtsein füllt uns mit Kraft und Hartnäckigkeit, wenn wir versucht sind, aufzugeben. Wenn wir Gott leidenschaftlich lieben, dann schützt uns das nicht nur vor dem Ausbrennen, wir werden auch weniger anfällig für Versuchungen, weil wir weniger Befriedigung in Sünde finden. Vieles an Sünde im Leib Christi ist das Ergebnis von falschem Umgang mit Schmerz, Angst und der Suche nach Trost. Sünde ist ein falscher Trost, den Menschen als Krücke benutzen, um die Zeiten des Schmerzes zu überstehen. Viele andere lassen sich auf Sünde ein, weil sie sich von Gott und anderen Menschen verletzt und verlassen fühlen. Sie greifen nach dem unmittelbaren falschen Trost von Status, Geld oder Sexualität. Diejenigen, die geistlich gefüllt und zufrieden sind, sind nicht sündlos, aber sie sündigen weniger.

Wenn wir Gott leidenschaftlich lieben, gibt es weniger Konkurrenzkampf und Wetteiferei in unseren Beziehungen, denn zufriedene Menschen streiten weniger. Jeder von uns wird irgendwann mal ein Opfer von übler Nachrede, und ich persönlich gehe nicht immer richtig mit solchen Angriffen um. Wenn ich aber Gottes Gegenwart erfahre, kämpfe ich viel weniger gegen Menschen und gehe mit Prüfungen und schwierigen Situationen auf viel rechtschaffenere Weise um.

In 2. Korinther 5,14 schreibt Paulus: «Denn die Liebe Christi drängt uns, da wir erkannt haben: Einer ist für alle gestorben, also sind alle gestorben.» Die treibende Kraft in Paulus' Leben war die Liebe Gottes. Sie wirkte in ihm und befähigte ihn in allem, was er tat. Es ist die Kraft, in aller Gottesfurcht zu leben. Ich ermutige Menschen dazu, sich mehr auf ihre Freude an Gott zu richten, anstatt auf ihre Versuche, die Sünde zu überwinden. Viele Christen werden durch Angst vor Gott, anstatt durch Liebe für Gott angetrieben. Meine Hingabe an Gott ist jedoch viel vollkommener, wenn das erste Gebot an erster Stelle in meinem Leben steht, und nicht, wenn ich mir *mehr Mühe* gebe oder mich *noch mehr anstrenge*. Der Feind will unsere Liebe für Jesus untergraben, indem er unseren Blick von der einfachen, ungehinderten Liebe und Hingabe an Jesus ablenkt (2. Korinther 11,3). Satan will uns auf den falschen Weg führen, damit wir die Liebe Jesu und Seine Güte nicht erkennen und sie somit auch nicht erwidern. Wenn wir uns nicht von Gott in unserer Schwachheit geliebt und wertgeschätzt fühlen, dann lenkt uns das ab und wir werden von unserer ganzherzigen Hingabe an Ihn abgehalten.

DAS VERLANGEN IM HERZEN JESU

Es scheint sinnvoll, darüber nachzudenken, was Jesus eigentlich will. Jesus ist der Sohn Gottes, durch den die Welt geschaffen wurde und der auf ewig zur Rechten des Vaters sitzen wird. Es ist schwer, sich vorzustellen, dass Er noch nach irgendetwas verlangt. Und was können wir überhaupt einem Gott geben, der schon alles hat? Das, was Er will – und was Er möchte, ist unsere ungeteilte und ganzherzige Liebe. Jesus hat Sein Verlangen selbst in Worte gefasst: «... damit die Liebe, mit der du mich liebst, in ihnen sei» (Johannes 17,26).

Gott möchte freiwillige Liebhaber. Jesus ist nicht darauf aus, eine Braut von einem fremden Volksstamm zu entführen und sie gegen ihren Willen festzuhalten. Seine Absicht ist, sie ganz für sich zu gewinnen – und zwar aus freien Stücken. In dem Abschnitt von Johannes 17 sagte Jesus zum Vater: «Du hast gesagt, dass es ein Volk geben wird, das mich so lieben wird, wie du mich liebst.» Jesus bat den Vater, uns Seine Liebe für den Sohn zu schenken, um auf diese Weise freiwillige Liebhaber zu schaffen, die so von Liebe überwältigt sind, dass ihre Liebe nur mit der Liebe des Vaters für den Sohn verglichen werden kann. Dieses Gebet wird dann beantwortet, wenn das erste Gebot die Vorrangstellung im Leben des Volkes Gottes auf der ganzen Welt einnimmt. Der heilige Eifer und die Liebe des Vaters für den Sohn werden die Herzen von Gottes Volk erfüllen. Können wir uns vorstellen, wie sehr unsere Herzen mit Faszination und Begeisterung für Jesus überströmen, wenn wir die Liebe empfangen, die der Vater für Seinen Sohn hat? Das ist genau, worum Jesus den Vater gebeten hat – dass wir diese Liebe empfangen.

In Johannes 17 finden wir das Hohepriesterliche Gebet, das Jesus unmittelbar vor Seiner Gefangennahme in Gethsemane und Seinem Tod am Kreuz betete. Das Herzstück all dessen, wofür Jesus gebetet hat, ist eine Verheißung, die nicht unerfüllt bleiben kann. Er betete nicht am Willen des Vaters vorbei – alles, worum der Herr in diesem Gebet bat, wird geschehen. Ich finde, es sollte das Gebet aller Gebete sein, das Gebetsmodell für all unsere Fürbitte. Die Gemeinde wird Jesus genauso intensiv lieben, wie der Vater Ihn liebt. Der leidenschaftliche Gott wird uns die Kraft geben, leidenschaftlich zu sein. Die Liebe, die der Vater für Seinen Sohn hat, wird uns erfüllen und wir werden keine Ruhe geben, bis wir uns Ihm leidenschaftlich hingeben können. Es gibt nichts Erfüllenderes als krank zu sein vor Liebe nach Gott – und daraufhin von Ihm dieses Verlangen gestillt zu bekommen.

Der Vater hat sich dazu verpflichtet, ein Volk hervorzubringen, dessen Herz in Liebe für Jesus brennt, ein Volk, das sieht und empfindet, was Gott sieht und empfindet, wenn Er Seinen Sohn anschaut. Der Vater eifert danach, eine Gemeinde zu haben, die Jesus so liebt, wie Er Ihn liebt. Und Er wird darin nicht versagen. Es wird eine Erweckung der innigen Erkenntnis Gottes geben, und als Folge davon wird die Gemeinde mit heiliger Leidenschaft für den Sohn erfüllt sein. Das Hervorbringen einer inspirierten, innigen Nähe und Leidenschaft für Jesus steht ganz oben auf dem Plan des Heiligen Geistes, weil es den Gebeten von Jesus entspricht.

WIR SEHNEN UNS NACH GANZHERZIGKEIT

Das *International House of Prayer* begann mit vielen Praktikanten, mit jungen Leuten, die kamen, um alles für Gott zu geben. Ich habe bereits erwähnt, dass sich hier über die Jahre viele ineinander verliebt und geheiratet hatten. Als nächstes kam dann eine Welle, wo die jungen Paare Kinder bekamen. Und nun befinden wir uns in einer Phase, in der wir viele Kleinkinder in unserer Lebensgemeinschaft haben. Die Kinder wachsen in der Umgebung des Gebetshauses auf und sie denken, dass es ganz normal ist, Zeit im Gebetsraum zu verbringen. Die Kinder von Anbetungs- und Gebetsleitern sind im Gebetsraum und die kleinen Leute gehen geistlich so richtig zur Sache: Sie singen so laut sie nur können, sie tanzen, beten manchmal sogar am Mikrofon – oder sie schlafen. Meistens tun sie entweder das Eine oder das Andere. Wenn sie wach sind, dann singen oder beten sie von ganzem Herzen. Wir wurden dazu geschaffen, ganzherzig vor Gott zu sein. Das trifft einen Lebensnerv in unserem Inneren, denn dazu sind wir bestimmt. Wir wissen in unseren Herzen, dass wir dazu geschaffen wurden, ganzherzig zu sein.

WIE GANZHERZIGKEIT AUSSIEHT

Viele Menschen erkennen, dass Gott möchte, dass sie ein Leben voller Hingabe leben. Sie entscheiden sich für Jesus und verkünden jedem begeistert: «Von jetzt an werde ich ein anderes Leben führen. Jetzt werde ich es richtig machen. Ich werde dem Herrn mit ganzem Herzen folgen!» Sie sind ohne Zweifel zur Hingabe entschlossen, aber sie haben keine Ahnung, wie das praktisch aussieht. Nach sechsmonatiger Entmutigung geben sie schließlich auf. Am Anfang waren sie aufrichtig, aber ihnen fehlte das Vorbild oder die Anleitung und deshalb ist es ihnen nicht gelungen, ihre Entscheidung auch umzusetzen. Wenn wir einen Weg suchen, um ganzherzig oder ungeteilten Herzens zu werden, müssen wir erkennen, dass sich unsere Liebe für Gott *im Gehorsam* und nicht in einer religiösen Stimmung ausdrückt:

> Wer meine Gebote hat und sie hält, der liebt mich ... Wenn jemand mich liebt, wird er mein Wort halten ...
>
> Johannes 14,21-23

Viele Menschen stolpern nur so durch ihren christlichen Wandel und erfahren Gott nur selten. Die Botschaft, die heutzutage populär ist, verheißt uns Komfort, ohne die Herausforderung, unserem Fleisch zu sterben und uneingeschränkten Gehorsam zu leben. So veranstalten wir ein Programm nach dem anderen, ohne dass es Kraft oder Wirkung hat. Unsere Gemeinden wachsen vielleicht sogar, und so denken wir, dass alles in Ordnung ist, auch wenn unser Programm völlig oberflächlich und schal ist und jegliche Leidenschaft fehlt. Wie Samson fühlen sich einige dieser Gemeinden geistlich ganz groß, ohne zu merken, dass die Gegenwart und Kraft Gottes sie verlassen hat. Und die Wenigen, die es merken, sind nicht einmal beunruhigt. Sie sind davon überzeugt, dass das, was sie haben, genug ist.

Es ist schrecklich, halbherzig mit Gott zu leben. Halbherzige Nachfolger haben zu viel von Gott, um sich an Sünde zu erfreuen und zu viel an Sünde, um sich an Gott erfreuen zu können. Sie befinden sich irgendwo inmitten einer ernst zu nehmenden geistlichen Zweiteilung, und meistens macht sie das sehr unglücklich. Auf verbaler Ebene stimmen sie zu, dass Gottes Angelegenheiten Priorität haben, aber in ihrem praktischen Leben geben sie sich mehr den Dingen hin, die ihr Fleisch befriedigen. Solange wir nicht ganzherzig vor Gott sind, werden wir niemals effektiv oder erfüllt sein.

Unglücklicherweise lebt ein großer Prozentsatz von Christen ein halbherziges Leben und erklärt sich damit zufrieden und empfindet es als ganz normal. In Afrika, wo über Jahrhunderte hin Aberglaube und Animismus herrschten, entsteht zur Zeit eine hingegebene christliche Kultur, die von Fasten und Gebet bestimmt ist. In der ehemaligen Sowjetunion steigen Christen in Machtpositionen auf und bekennen kompromisslos ihren Glauben. In China evangelisieren die Christen und lehren die neuen Gläubigen, inmitten von Verfolgung ein Leben im Glauben zu führen. Und währenddessen gehen Christen in Amerika zu Gottesdiensten, die nach dem Muster ihres Lieblingsfernsehprogramms ablaufen, weil nichts anderes mehr ihre Aufmerksamkeit eine Stunde lang halten kann. Warum haben wir es mit so drastischen Unterschieden zu tun? Sind die Seelen der Chinesen belastbarer als die der Amerikaner? Werden wir durch unsere eigenen Freiheiten und Erfolge in den Schlaf gewiegt? Wir sind aus dem gleichen Material gestrickt wie die Gläubigen am anderen Ende der Welt – zumindest im Kern. Wie erklären wir uns nun unsere offensichtliche geistliche Oberflächlichkeit? Was steckt hinter so viel halbherzigem Christentum in der westlichen Welt?

Ich glaube, dass ein Teil der Antwort in dem Mangel an Herausforderung zu einer ganzherzigen Hingabe an Gott liegt, die sich in unserer Liebe und unserem Gehorsam Jesus gegenüber zeigt. Anstatt der Verkündigung des Lebensstils, wie er in der Bergpredigt (Matthäus 5-7) beschrieben wird, hören wir eine Botschaft, die verwässert ist und die die ersten Christen, von denen in der Apostelgeschichte berichtet wird, nicht wiedererkennen würden. Heute denken viele Kirchgänger, dass diese schwache, verwässerte Botschaft das wahre Christentum sei. Sie bleiben desillusioniert in ihren täglichen Routinen und sie stagnieren in ihrem geistlichen Leben trotz ihrer wöchentlichen Teilnahme am Gottesdienst in einer lokalen Gemeinde. Was ihnen fehlt, sind nicht die Grundlagen in der Theologie, sondern ihnen fehlen Vision und Leiterschaft. Sie können sich kein Bild von Ganzherzigkeit machen und ihnen fehlt die praktische Erfahrung von authentisch gelebter Hingabe.

FASTEN: GEISTLICHE FREUDE STEIGERN

Liebe für Gott macht uns für das Königreich Gottes «geistlich ungestüm» – und zwar «ungestüm» und stark genug, um Verfolgung und sogar den Märtyrertod zu erdulden. Die Bibel sagt uns, dass die Ungestümen das Königreich *durch Gewalt* einnehmen werden (Matthäus 11,12). Eine heilige, ungestüme Liebe wird dafür sorgen, dass wir ein völlig anderes Leben vor Gott führen.

Die Leidenschaft hinter dieser Liebe ist so stark, so heftig und so stürmisch, dass sie uns davon abhält, jemals aufzugeben. Wir müssen unsere Herzen formen lassen, so dass wir eine liebeskranke, ungestüme Braut werden – zu Individuen wie Johannes der Täufer, der fastete und in der Wüste lebte, um in seiner Liebe zu Gott zu wachsen (Matthäus 11,18).

Unsere größte Freude finden wir, wenn wir uns an der Person Jesu laben und ergötzen. Unser Streben nach inniger Nähe mit Ihm beinhaltet auch das Fasten von Essen, denn dies bringt unseren Körper in die richtige Beziehung zu dem Leben des Geistes. Wenn wir uns vom Essen enthalten, dann streben wir danach, uns an Jesus zu laben. Fasten raubt uns nicht unsere Freude, es verstärkt sie.

Klingt das seltsam? Das kommt wahrscheinlich daher, weil wir in einer Kultur leben, die anders denkt. Uns wurde vermittelt, dass wir mehr Leben erfahren, wenn wir unsere Körper verwöhnen. Das ist jedoch ein falsches Konzept, sogar schon auf der rein natürlichen Ebene. Auch wenn unsere Seele in einem Körper lebt, so wurde sie nicht dazu geschaffen, Sklave von körperlichem Verlangen und körperlicher Leidenschaften zu sein. Wenn wir wollen, dass unser geistlicher Mensch über das Fleisch herrscht, müssen wir gezielt die Zwänge und Lüste unseres natürlichen Menschen zum Schweigen bringen. Nur wenn wir auf gesunde Weise unsere fleischlichen Leidenschaften verleugnen, können wir sowohl auf körperlicher als auch auf emotionaler Ebene die höheren Freuden des Lebens im Geist erleben. Darüber hinaus hat Gott uns auch so geschaffen, dass Fasten unsere körperliche Kondition stärkt und nicht schwächt. Wir gehen oft an das Fasten heran, als würden wir unserem Körper den Krieg erklären. Beim Fasten soll das jedoch im geistlichen Bereich geschehen. Fasten ist Teil des geistlichen Kampfes. Das System dieser Welt steht im Streit mit uns und erklärt uns den Krieg, sowohl physisch als auch geistlich. Gott hat unseren Leib für das Fasten geschaffen. Fasten ist von Gott gegeben, um unserer natürlichen Hülle zu helfen, in die höheren Dimensionen des Geistes einzutreten und Gott zu erfahren.

Schauen wir uns einmal Maria von Betanien an, die Frau, die das Alabastergefäß mit dem kostbaren Parfüm für Jesus zerbrach.

Maria war kein Apostel. Sie war auch nie berühmt, schrieb nie ein Buch, leitete nie eine Konferenz und sagte auch nicht viel – jedenfalls soweit wir wissen. Ihre leidenschaftliche Liebe war im Verborgenen, sie liebte den Herrn auf ungestüme Weise. Sie nahm all ihren irdischen Besitz, das Alabastergefäß gefüllt mit Narde, die ungefähr dreißigtausend Dollar wert war, und sie goss alles aus über den Einen, den sie liebte.

> Als Jesus in Betanien im Haus Simons des Aussätzigen bei Tisch war, kam eine Frau mit einem Alabastergefäß voll kostbarem, wohlriechendem Öl zu ihm und goss es über sein Haar. Die Jünger wurden unwillig, als sie das sahen, und sagten: Wozu diese Verschwendung? Man hätte das Öl teuer verkaufen und das Geld den Armen geben können. Jesus bemerkte ihren Unwillen und sagte zu ihnen: «Warum lasst ihr die Frau nicht in Ruhe? Sie hat ein gutes Werk an mir getan. Denn die Armen habt ihr immer bei euch, mich aber habt ihr nicht immer. Als sie das Öl über mich goss, hat sie meinen Leib für das Begräbnis gesalbt. Amen, ich sage euch: Überall auf der Welt, wo dieses Evangelium verkündet wird, wird man sich an sie erinnern und erzählen, was sie getan hat.»
>
> Matthäus 26,6–13

Etwas Unglaubliches geschieht, wenn Menschen die Kostbarkeit der Freude dieser Romantik erkennen und sich für diese Liebe entscheiden, anstatt für den Staub, den diese Welt zu bieten hat. Etwas Faszinierendes geschieht, wenn wir auf Gott schauen und Seinen unglaublichen Wert erkennen. Etwas Fantastisches geschieht, wenn wir uns in Ihn verlieben und unser eigenes Gold in den Staub legen: Wir finden Gold in Ihm. Gott wird die belohnen, die Ihn als ihr höchstes Gut und kostbarstes Gold erwählen.

> Kehrst du um zum Allmächtigen, so wirst du aufgerichtet. Tust das Unrecht weit weg von deiner Hütte, wirfst in den Staub dein Gold und zu den Steinen der Bäche das Gold von Ofir, so wird der Allmächtige dein Gold

sein und wie Silber, das dir zugehäuft wird. Dann wirst du dich am Allmächtigen erfreuen und dein Antlitz zu Gott erheben.

Hiob 22,23-26

MIT GANZEM HERZEN AN JESUS FESTHALTEN

Als ich den fand, den meine Seele liebt ... ergriff ich ihn und ließ ihn nicht los.

Hohelied 3,4

In diesem Vers sehen wir, dass Jesus erneut der Braut Seine Gegenwart schenkt, nachdem sie Ihn suchte, durch die Stadt lief, von den Wächtern geschlagen wurde und trotz aller Angst weiter suchte. Schließlich findet sie Den, den ihre Seele liebt. Er antwortet auf ihr beharrliches Streben, Ihn zu finden. Sie gibt nicht auf, auch nicht in der finsteren Nacht, bis sie schließlich den Segen Seiner Gegenwart findet. Und plötzlich liegt sie in Seinen Armen. Als sie Ihn findet, hält sie Ihn fest und lässt nicht los. Die schmerzvollen Zeiten des Kampfes und der Gegenwinde haben eine göttliche Hartnäckigkeit in ihr hervorgebracht, und sie hält sich mit all ihrer Kraft an Ihm fest. Ein resoluter Entschluss steigt in ihrem Geist auf und sie erkennt, dass der Wert, Jesus gefunden zu haben, die Kosten des Gehorsams bei weitem übersteigt. Was es auch kostet, sie verlangt danach, nahe bei Ihm zu bleiben und sich durch keinen Kompromiss von Ihm abhalten zu lassen.

Diese heilige Umarmung ist heftig, tief und innig und ist Teil von dem, das Gott schon die ganze Zeit vorhatte. Jesus wusste, dass der harte Kampf und die Schwierigkeiten diese ungestüme Liebe in ihr hervorbringen würden. Einer der Gründe, warum Er ihr Seine Gegenwart entzogen hatte, war, dieses unnachgiebige, heftige *Festhalten an Ihm* hervorzubringen. Mit neuem Eifer und aller Kraft umarmt sie Ihn. Sie schwört, dass sie Ihn niemals loslassen wird. Als Ausdruck ihrer Dankbarkeit und ihres unsäglichen Verlangens nach Ihm, trifft sie den festen Entschluss, niemals wieder bewusst einen Kompromiss zuzulassen oder etwas zu tun, was das Wachsen ihrer Liebe zu Gott behindern könnte. Reife Liebe geht aus «heiliger Vehemenz» hervor, die sich an Jesus um jeden Preis festklammert. Dieses Festklammern bezieht sich auf ein ungestümes Klammern an Jesus im Gebet, bis wir zu den Tiefen Seines Herzens vorgedrungen sind. Diese gottgegebenen Zeiten der Prüfung bringen in einem offenen Herzen eine heilige Gewalt hervor, eine kompromisslose Entschiedenheit, den Willen Gottes zu tun – bewirkt durch den Heiligen Geist. Diese heilige Vehemenz wiederum führt zu einer radikalen Hingabe. Sie führt zu dem festen Entschluss, alles aufzugeben, was sich in den Weg der innigen Beziehung zu Gott stellen könnte. Eine heilige Hingabe steigt in uns auf, das Feuer der Liebe in uns am Brennen zu halten.

Das Hohelied der Liebe – das Lied des Königs an Seine Braut – muss mit Offenbarung und Kraft gelehrt und gesungen werden. In dem prophetischen Ruf zur heiligen Leidenschaft wird es die Gemeinde Christi reinigen und wiederherstellen. Das Hohelied kann auf verschiedene Weisen interpretiert werden. Einmal als historische Geschichte von König Salomo, der eine junge Hirtentochter umwirbt und heiratet; oder dann allegorisch, indem Israel als Gottes Braut dargestellt wird, so wie auch das Neue Testament die Braut Christi als Bild für die Gemeinde verwendet. Manche sagen auch, dass das Hohelied die Liebe eines Mannes für seine Frau widerspiegle. Andere sehen es als wahre Geschichte, die in symbolischer Sprache mit geistlicher Bedeutung für Gläubige von heute geschrieben wurde. Ich persönlich glaube, dass der Heilige Geist das Hohelied auf all diese verschiedenen Weisen für die Gemeinde Christi interpretiert und dass wir von allen Deutungen lernen können. Ich möchte an dieser Stelle jedoch kurz beschreiben, welche Interpretation mich am meisten ermutigt hat.

In diesem himmlischen Liebeslied sehe ich die junge Magd als die junge, heranreifende Gemeinde – als Braut Christi. Ich sehe einen deutlichen geistlichen Prozess in den acht Kapiteln des Hohenliedes. Es ist ein geistliches Muster, das das Wachsen der heiligen Leidenschaft in dem Herzen der Braut beschreibt, während sie von der Pracht und Herrlichkeit des wunderbaren Königs umworben wird. Wir profitieren mindestens in zweifacher Hinsicht davon, wenn wir über das prophetische Lied nachsinnen. Zuerst offenbart uns der Heilige Geist die Leidenschaften und Freuden des Sohnes Gottes. Diese Einsicht in das Herz Jesu fasziniert unsere Herzen aufs Neue, beflügelt uns und öffnet uns neue Tiefen in unserer Leidenschaft für Ihn. Zweitens können wir uns in dem Hohelied auch selbst wiederfinden. Wir können erkennen, wo wir uns in unserem Wandel mit Gott im Verlauf unserer geistlichen Entwicklung und unserem Wachstum zur Reife hin befinden.

Ich erinnere mich an einen bestimmten Tag, als ich mich in meinem Büro befand und mich der Herr dazu aufforderte, das Hohelied Salomos und die Botschaft über die Braut Christi bekannt zu machen. Ich hatte oft gebetet, hatte die Schrift studiert und war umgeben von vielen Büchern von großen Bibellehrern und Predigern. Aber an jenem Tag, als ich in meinem Büro auf die Knie ging, war ich nicht darauf vorbereitet, dass ich eine neue Wegweisung bekommen würde, die in die Erfahrung einer völlig neuen Dimension von geistlichem Verlangen münden würde.

Ich begann zu beten, weil ein ungewöhnliches, sanftes Verlangen mein Herz bewegte. Beim Beten wurde es immer stärker bis hin zu einem unsäglichen Verlangen, das mir unmöglich zu stillen erschien. Ich nahm die Stelle aus dem Hohenlied 8,6 als Gebet. «Herr, versiegle mich. Lege eine brennende Liebe in mich hinein. Versiegle mich, Jesus.» Als Worte der Sehnsucht und des Verlangens nach Ihm über meine Lippen strömten, wurde das Verlangen nach Gott so stark, dass ich den Schmerz körperlich spürte. Mein Verlangen wurde so intensiv, dass ich zu weinen begann. Die Sehnsucht nach Christus wurde jedoch nur noch stärker. Es war so, als ob ich ein göttliches Vakuum spürte, durch das mich Gott selbst zu sich zog. Dieses Ziehen brachte mein Herz auf neue Weise in die Gegenwart Gottes.

Ich konnte nichts anderes tun als weinen, zu Anfang aus leidenschaftlichem Verlangen, und dann aus Freude und Dankbarkeit über Seine Gegenwart. Ich war so dankbar für Seine Liebe, Seine Barmherzigkeit, Seine Wahrheit und Seine Vollkommenheit, aber ich war noch dankbarer dafür, dass ich mit größerer Gewissheit erkennen durfte, dass Er mich so sehr liebte, und dass ich Ihn wirklich mit ganzem Herzen und ganzer Kraft lieben konnte. Ich wollte diesen kostbaren Moment nicht verlieren, und so bat ich meine Sekretärin, mich für die nächste halbe Stunde nicht zu stören.

Nach etwa fünfzehn Minuten der Anbetung auf meinen Knien rief mich plötzlich meine Sekretärin über das Telefon.

Ich war gereizt und fragte: «Was machst du? Ich will doch nicht gestört werden.» «Tut mir leid,» sagte sie, «aber du hast einen Anrufer und er sagt, es sei sehr wichtig, und dass er sofort mit dir sprechen müsse.» Ich war verärgert, dass ich in diesem innigsten Moment mit Gott gestört wurde und nahm den Hörer ab. Es war ein Bekannter von mir. «Mike,» jauchzte er enthusiastisch, «ich hatte letzte Nacht einen Traum von dir. Der Herr hat mir ganz deutlich gesagt, dass ich dir einen bestimmten Vers als Botschaft von Ihm geben soll.» Mein Ärger wich, als ich seine Worte hörte: «Gott will, dass du Ihn als Siegel auf dein Herz legst!»

Gott hat mir geantwortet, gleich nachdem ich diese stille, verborgene Zeit mit Ihm begonnen hatte. Die vehementen Flammen Seiner Liebe sind unauslöschlich. Wenn dieses göttliche Siegel auf uns zu liegen kommt, verlieren andere Dinge ihre Macht über unsere Herzen.

DER LOHN DER GANZHERZIGKEIT

Manche würden Ganzherzigkeit als unser Geschenk an den Herrn ansehen, und zu einem gewissen Grad trifft das auch zu. Aber vielmehr als das ist unser leidenschaftliches Verlangen nach Gott Sein Geschenk an uns. Indem Er unsere volle Aufmerksamkeit, unsere ganze Liebe, unsere Zuwendung und Hingabe an Ihn beansprucht, werden die Voraussetzungen für ein Leben in Fülle geschaffen. Wir werden freigesetzt, ganz wir selbst zu sein, ohne die Begrenzungen von einem halbherzigen Leben. Wir haben größere Kapazitäten, Gott und andere zu lieben. Wir haben ein größeres Verlangen, mit freudigem Herzen zu dienen, und es fällt uns weniger schwer, gehorsam zu sein und Gottes Gebote zu halten. Gott verpackt dies alles auf großzügige Weise, so dass wir das Gefühl haben, Ihm etwas zu geben. Er hat ein Strahlen auf Seinem Gesicht wie ein stolzer Vater, der weiß, dass in Wirklichkeit Er derjenige ist, der gibt. Es ist Sein Wunsch, Sein sehnliches Verlangen, dass wir Ihn mit unserem ganzen Herzen, unserer ganzen Seele, unserem ganzen Verstand und all unserer Kraft lieben, so dass Er uns an den siegreichen Ort der innigen Beziehung mit Ihm führen kann.

KAPITEL SIEBEN

DIE SEHNSUCHT NACH BEDEUTSAMKEIT

Der Künstler David Best aus San Francisco ist für seine komplexen Kunstwerke bekannt, die er aus fein geschnittenem Sperrholz baut. Die Monumente werden oft bis zu 15 Meter hoch und gleichen einem Turm, einer Spindel oder einer Reling. Diese Riesengebilde werden als Erinnerung an verstorbene Menschen gebaut. Der Künstler hinterlässt immer eine ganze Anzahl magischer Markierstifte in den Strukturen und fordert die Menschen dazu auf, Botschaften über ihre verstorbenen Lieben aufzuschreiben. In den Botschaften findet man den Widerhall von Tiefgründigkeit oder Schmerz. Eine der Botschaften hatte beides zugleich. Sie war in großen, grünen Buchstaben geschrieben und lautete: «Papa, was für eine Bedeutung hatte dein Leben?»

Hinter dieser Frage verbirgt sich eine Geschichte, aber da wir sie nicht kennen, können wir nur vermuten, welche Situation einen Menschen dazu geführt haben könnte, diese Frage zu stellen. Es tut an dieser Stelle auch nichts zur Sache, ob der Vater ein guter Vater war oder ein schlechter. Was wir aber aus dieser Frage entnehmen können, ist etwa Folgendes: «Papa, ich habe dich genau beobachtet, aber ich kann nicht sehen, welchen Einfluss du hattest. Es scheint sogar aus der Sicht eines Kindes, dass dein Leben keine Bedeutung hatte ...» Es ist tragisch, dass am Ende des Lebens eines Vaters sein Kind zurück auf sein Leben schaut und keine offensichtliche Bedeutung und keine nachhaltige Wirkung sehen kann, weder gut noch schlecht. Wenn wir aber ehrlich sind, spiegelt diese Frage eine Sehnsucht wider, die wir alle in uns tragen. Es ist der Wunsch, das vorübergehende Wesen dieses Lebens mit dem ewigen Wesen des nächsten Lebens zu verbinden. Jeder Mensch will intuitiv einen bleibenden Eindruck hinterlassen. Die meisten Menschen können den Gedanken nicht ertragen, dass ihre Existenz mit einigen wenigen Worten auf einem Grabstein zusammengefasst werden könnte. Es muss doch mehr geben.

Wir wissen, dass wir nur begrenzte Zeit in diesem Leben haben, und deshalb sehnen wir uns alle danach, eine nachhaltige Wirkung zu hinterlassen, die über unsere Zeit hinausgeht und die uns bestätigt, dass unser Leben Bedeutung hat über das Ende unserer Tage auf Erden hinaus. Wenn das Verlangen nach Bedeutsamkeit ein so essentieller Teil unserer Seele ist, dann ist die endgültige Erfüllung dieses Verlangens nicht auf dieses Zeitalter beschränkt. Es muss im nächsten Zeitalter zur Erfüllung kommen. Wir sind dazu geschaffen, eine Wirkung zu hinterlassen, die einen Ewigkeitswert hat.

Wir wurden dazu geschaffen, relevant zu sein und Bedeutung zu haben. Gott hat uns so veranlagt, dass wir einen Unterschied im Leben anderer machen wollen. Wir wollen sichergehen, dass wir einen Beitrag leisten, der Bedeutung hat in Gottes Augen und der Spuren bei anderen hinterlässt. Wenn wir gewiss sind, dass wir Einfluss auf das Leben anderer haben und gleichzeitig einen ewigen Lohn im Himmel empfangen, wird unsere Sehnsucht gestillt. Ein bedeutungsvolles Leben zeichnet sich aus durch einen Lebensstil, der andere bereichert, in diesem Leben und im zukünftigen Zeitalter. Ein essentieller Teil unserer emotionalen Gesundheit liegt darin, dass wir zusammen mit Jesus die Herzen anderer Menschen in der Liebe Gottes erwecken.

> Ich habe keine größere Freude, als zu hören, dass meine Kinder in der Wahrheit wandeln.
>
> 3. Johannes 4

Die Sehnsucht, bei anderen einen nachhaltigen Eindruck zu hinterlassen, bezieht die Sehnsucht nach dem Heldenhaften mit ein. Mit heldenhaft meine ich, bereit zu sein, alles zu riskieren, so dass andere etwas Bedeutendes und Lebenveränderndes erleben können. Wir sehnen uns danach, etwas mit anderen teilen zu können, was sie verändert oder ihnen Freude bereitet. Wenn wir zum Beispiel gute Neuigkeiten haben, können wir es kaum abwarten, es den anderen zu erzählen, die uns nahe stehen. Wenn ein fünfjähriger Junge herausfindet, dass sein Bruder ein nagelneues Fahrrad zu Weihnachten bekommt, dann muss er ihm einfach das Geheimnis verraten, nur um seinen Bruder vor Freude platzen zu sehen. Wir haben gern Teil an dem, was diejenigen begeistert, die wir lieben. Wenn eine Frau im Lotto gewinnt, dann ruft sie sofort ihre Familie an, um mit ihnen zu feiern. Wenn ein todkranker Krebspatient die Nachricht von einem Durchbruch in der Medizin hört, der Heilung verspricht, dann kann er nicht anders, als es auch jedem anderen Patienten auf der Krebsstation zu erzählen. Der Wunsch, andere mit guten Nachrichten aufzubauen ist grundlegend für unsere Menschlichkeit.

TREU IM KLEINEN

> Da sagte der König zu ihm: «Sehr gut, du bist ein tüchtiger Diener. Weil du im Kleinsten zuverlässig warst, sollst du Herr über zehn Städte werden.»
>
> Lukas 19,17

> Sein Herr sagte zu ihm: «Sehr gut, du bist ein tüchtiger und treuer Diener. Du bist im Kleinen ein treuer Verwalter gewesen, ich will dir eine große Aufgabe übertragen. Komm, nimm teil an der Freude deines Herrn!»
>
> Matthäus 25,21

Gott hat uns dazu berufen, treu und zuverlässig in kleinen Dingen zu sein. Das zeigt uns, dass kleine Dinge wichtig sind, weil sie von Gott wertgeschätzt werden und Er sie nicht vergisst. Er beurteilt und belohnt unser Leben in der Ewigkeit auf der Basis der kleinen Dinge, die wir in diesem Zeitalter getan haben. Dieses Wissen gibt uns die Kraft, treu und zuverlässig zu sein, und gleichzeitig gibt es uns das Gefühl, bedeutungsvoll zu sein. Das hat eine gewaltige Auswirkung auf unsere Herzen, denn diese Sicht motiviert uns, eine nachhaltige Wirkung in diesem und im zukünftigen Zeitalter anzustreben.

Nun sind wir zwar schnell dabei, uns mit dem zu beschäftigen, was nach außen hin bedeutungsvoll erscheint oder was uns das Gefühl von Bedeutung verleiht, aber dabei werten wir oft die Treue in kleinen Dingen ab. Bedeutung von Ewigkeitswert wird aber durch die Treue im Kleinen erreicht. Nur einige wenige Menschen in der Geschichte haben eine internationale Bekanntheit wie Billy Graham oder eine weltweite Bedeutung für die Wirtschaft wie Bill Gates. Gott hat nur wenige dazu berufen, große Dinge zu tun. Aber von all den Milliarden Menschen in der Menschheitsgeschichte *hat er jeden dazu berufen*, treu in den kleinen Dingen zu sein. Einige setzen dies mit Bedeutungslosigkeit und Irrelevanz gleich. Aber nichts ist weiter von der Wahrheit entfernt als das. Gott verheißt uns, dass Er unsere Treue in den kleinen täglichen Szenarien, die kaum öffentliche Anerkennung bekommen, wertschätzt und sie vor Augen hat. Wir können eine nachhaltige Wirkung in Gottes Königreich erzielen, indem wir treu sind im Kleinen.

Bis ich neunzehn Jahre alt war, war meine Vorstellung von Bedeutsamkeit auf das Erreichen von Tausenden von Menschenleben beschränkt. Ich erinnere mich noch genau an den Tag, als sich mein Paradigma veränderte. Von da an hat der Herr meine Vorstellung davon, wie ein einflussreiches und wirkungsvolles Leben in dieser Welt aussähe, fortwährend verändert.

Eines Abends nach einem Gebetsmeeting stellte mir Mike Bickle eine Frage: «Wo siehst du dich in zehn Jahren?» Ich glaubte, die richtige Antwort zu haben und erzählte ihm von meinen großen Plänen, einen eindrucksvollen Dienst zu haben, durch den viele Menschen zum Herrn finden würden. Mike stellte mir daraufhin eine weitere Frage, die mich zum Nachdenken brachte: «Wie viele Menschen waren bei Jesus am Ende Seines irdischen Dienstes, kurz bevor Er starb?» Er hatte nur ein paar treue Jünger nach mehr als vier Jahren Dienst, und doch war Er in den Augen des Vaters erfolgreich.

Damals wurde mir deutlich, wie anders Gott die Wirkung und Bedeutung unseres Lebens sieht. Der Herr der Himmlischen Heerscharen sammelte keine große Truppe von treuen Nachfolgern auf Erden um sich. Als Er gekreuzigt wurde, wandten sich sogar Seine engsten Freunde von Ihm ab und wollten nicht einmal mehr mit Ihm in Verbindung gebracht werden. Doch derselbe Mann, der von der Mehrheit des Volkes während Seines irdischen Dienstes verachtet wurde, wird in alle Ewigkeit als König der Könige und Herr der Herren regieren.

Obwohl uns Gott mit der Sehnsucht geschaffen hat, eine tiefe und nachhaltige Wirkung zu hinterlassen und ein bedeutungsvolles Leben zu führen, müssen wir verstehen, wie Gott das sieht. Nachhaltige Wirkung und Bedeutsamkeit werden nicht durch Stolz und Selbsterhöhung erreicht. Vielmehr sind sie das Ergebnis eines sanftmütigen Lebens. Jesus hat uns gelehrt, dass viele, die als Erstes geehrt werden und alle Privilegien genießen, die Letzten sein werden, und dass die Letzten die Ersten sein werden (Matthäus 19,30). Nur wenige nehmen diese Wahrheit an und leben danach, aber der Tag wird kommen, wenn wir alle verstehen werden, wie wahr sie tatsächlich ist. — Deborah Hiebert

WARUM SIND WIR HIER?

Wir spielen eine kleine, aber bedeutungsvolle Rolle in einem sehr großen Drama, in einem enormen Konflikt mit ewigen Konsequenzen. Wir sind nicht nur eine Fußnote im Manuskript. Gott hat die Welt nicht deshalb geschaffen, weil Ihm langweilig war. Er schaut auch nicht auf uns herab wie auf eine Sammlung von funktionstüchtigen Rennmäusen in einem Käfig, um zu sehen, was wir wohl als Nächstes tun würden. Er sucht nach Menschen, die als Seine Partner zusammen mit Ihm Sein Vorhaben auf Erden voranbringen. Er sucht nach Menschen, die Seinen Sohn leidenschaftlich lieben und den Platz als Braut Christi einnehmen.

Aus der Perspektive des Braut-Paradigmas ist unser Beitrag in diesem Leben viel bedeutender als die meisten Menschen zu träumen wagen. Wir werden mit Seinem Sohn für immer regieren. Es hat einen Grund, warum Er uns Mit-Erben nennt. Er will, dass wir einen ewig währenden Einfluss und eine ewige Rolle in der Geschichte haben, die Er entfaltet. Jesus hat uns in den letzten Augenblicken vor Seiner Auffahrt zum Vater diesbezüglich Anweisungen gegeben. Er machte deutlich, dass Gottes Plan für den Planeten Erde die freiwillige Mitarbeit Seines Volkes mit einschließt. Er trug uns auf, eine nachhaltige Wirkung auf alle Völker der Erde zu haben. «Geht hin und macht zu Jüngern alle Völker …» (Matthäus 28,19).

Gott hat ein großes Vorhaben mit Menschen, mit echten Menschen wie du und ich. Er sprach zu der kleinen Schar von

Nachfolgern, die fast alle ungebildet und beeindruckend unbeeindruckend waren, und legte ihnen ihre Zukunft vor: *Ihr werdet alle Völker zu Jüngern machen.* Jesus startete eine globale Mission, die eine enorme Wirkung auf ihr Leben auf Erden und in alle Ewigkeit haben würde. Gott sucht nach Menschen, die bleibende Spuren hinterlassen und eine nachhaltige Wirkung haben wollen, Menschen, die sich mit Ihm verbünden und an Seiner Seite mitarbeiten. Und dies auf einer Ebene, die weit über das Erledigen einer Arbeit oder das Streben nach persönlichem Glück hinausgeht.

Manche Menschen denken vielleicht, dass der Wunsch nach Bedeutsamkeit von Hause aus ein Selbstzweck sei – aber das ist nicht wahr. Dieser Wunsch ist auch kein Zeichen von Schwäche oder Eitelkeit. Er ist ein Ausdruck unserer Ebenbildlichkeit Gottes. In der Geschichte haben so manche Gläubigen dieses Verlangen als gottloses Streben und Stolz verbannt. Sie behaupten, dass das Verlangen nach Bedeutung und Einfluss in diesem Leben gleichzusetzen sei mit dem Streben nach Prestige und Selbsterhöhung. Tatsache ist jedoch, dass wir eine große Bedeutung haben. Aber wir haben nur dann eine nachhaltige Wirkung, wenn wir im Gehorsam gegenüber Gottes Willen für unser Leben wandeln. Die Sehnsucht nach Bedeutsamkeit und einer nachhaltigen Wirkung wird schon zum Teil jetzt gestillt, wenn wir an der Veränderung im Leben anderer teilhaben. Und dies wiederum mündet in einem ewigen Lohn für uns selbst.

BEDEUTUNG FÜR DAS LEBEN ANDERER HABEN

Die gottgegebenen Sehnsüchte beinhalten auch unser Verlangen, einen Beitrag im Leben anderer zu leisten – im Leben derer, die uns am Herzen liegen, aber auch im Leben derer, die wir nie kennen gelernt haben. Vor allem aber wollen wir eine nachhaltige Wirkung im Leben unserer Kinder haben. Wir wollen nicht nur ihre unmittelbaren Entscheidungen beeinflussen, sondern auch den Prozess der Entscheidungsfindung. Wir hoffen, dass unsere Kinder über das nachdenken, was sie von uns gelernt haben und dementsprechend handeln, auch wenn wir nicht mehr leben. Wir sehen das in vertrauten Aussagen wie diesen: «Deine

Eltern sind sicherlich stolz auf dich ...», «Der Apfel fällt nicht weit vom Stamm ...», «Er/sie stammt aus gutem Hause ...», oder «Du bist deines Vaters Sohn ...»

Wir verspüren auch den Drang, eine nachhaltige Wirkung im Leben unserer Freunde und Kollegen zu haben. Je näher wir sie kennen lernen, je mehr offenbart uns Gott Sein Herz für sie. Wir sehen den Kollegen am gegenüberliegenden Schreibtisch plötzlich als Kind Gottes. Unsere Nachbarn wachsen uns ans Herz und wir denken, «Was kann ich tun, um ein Segen für sie zu sein?» Wenn wir Gottes Liebe schmecken, wächst das Verlangen in uns, Seine Liebe an andere weiterzugeben. Wir sind nicht mehr damit zufrieden, die Liebe Gottes in unserem eigenen Leben zu erfahren. Wir wollen, dass andere sie auch erleben. Wenn wir im Glauben wachsen, haben wir nicht nur den Drang, die Menschen zu beeinflussen, die uns nahe stehen. Wir fangen an, für die Bedienung im Restaurant zu beten oder über dem Fremden im Supermarkt zu prophezeien. Wir sind nicht mehr bereit, ein selbstzufriedenes Leben zu führen – wir müssen eine Wirkung hinterlassen.

All dies ist Teil von Gottes wunderbarem Plan, uns Sein Herz zu schenken. Er gibt uns dieses Verlangen mit der Absicht, uns zu Seinen Partnern zu machen. Er hat die Wahl, Sein Vorhaben mit oder ohne uns zu erfüllen, aber Er macht deutlich, dass Sein Plan unsere unvollkommene Mitarbeit mit einbezieht. Er *braucht* unser Mitwirken nicht, aber Er *will* es.

GUTE NACHRICHTEN WEITERGEBEN

Wir erzählen anderen gern von dem, was uns segnet. Ein Phänomen des letzten Jahrzehnts war die Wiederbelebung des Apple Computers nach dem anfänglichen haushohen Erfolg von Microsoft. Apple verdankt sein Überleben der Mundpropaganda kleiner Gruppen von Benutzern, die jedem erzählt haben, der ihnen nur zuhörte: «Dieser Apple Computer ist viel besser als der XY-Computer. Er ist total einfach zu bedienen, die Funktionen sind viel logischer und ich bin viel produktiver. Ich bin begeistert und ich würde den Apple um keinen Preis der Welt gegen eine Windows-Maschine eintauschen.» Diese Mundpropaganda hat zu der Bezeichnung «Mac-Evangelisten» geführt. Das sind Computerbenutzer, die mit solch einem evangelistischen Eifer für den Apple Macintosh werben, dass man meinen könnte, sie bekämen einen iPod als Werbegeschenk für jeden Benutzer, den sie zu Apple bekehren. Aber das ist nicht der Fall. Sie legen lediglich die menschliche Eigenschaft an den Tag, anderen gerne von dem zu erzählen, wovon man selbst profitiert.

Jedes Mal, wenn etwas eine große Wirkung und Bedeutung für uns hat, wollen wir anderen davon erzählen. Der Vater, der das Buch gelesen hat, das ihm in der Beziehung zu seinem Sohn geholfen hat, kauft sofort ein paar Exemplare und gibt sie seinen Freunden, damit auch sie davon profitieren und die gleiche Erfahrung teilen können. Die Mutter, die endlich herausgefunden hat, wie sie mit der Trotzphase ihres Kindes umgehen kann, erzählt es anderen Müttern, um ihnen zu helfen. Der Wissenschaftler, der jahrelang auf Servietten herum gekritzelt hat und endlich zu einer bahnbrechenden Formel kommt, tut alles, um seine Entdeckung zu publizieren. Er wird Vorlesungen vor jeder Gruppe halten, die ihm zuhört. Im Wesentlichen drängt es uns alle dazu, mit anderen zu teilen, was uns mit Freude erfüllt. Diese Fähigkeit, anderen Freude zu bereiten und eine Auswirkung auf ihr Leben zu haben, ist etwas, was der Gott in unsere Herzen gelegt hat, der Menschen liebt. Ohne das Gefühl der Bedeutsamkeit für das Leben anderer, verlieren wir etwas Dynamisches in unserem eigenen Leben.

Unser Gefühl der Bedeutsamkeit ist oft damit verbunden, etwas zu tun, was andere begeistert und aufbaut. Wir teilen gern das, was andere beflügelt und erheitert. Es ist wunderbar, wenn wir unseren Lieben gute Neuigkeiten bringen können. Geschichten berühren die Herzen von Menschen, und wenn wir etwas erlebt haben, können wir es meistens kaum abwarten, es zu erzählen. Denk an Bartimäus, den blinden Bettler aus der Stadt Jericho, der von Jesus geheilt wurde (Markus 10,46; Lukas 18,35-42). Stell dir die Freude vor, die Bartimäus hatte, als er seinen blinden Freunden von der Begegnung mit Jesus erzählte. Wie begeisternd dies für ihn gewesen sein musste, ihnen diese Nachricht bringen zu können! Stell dir vor, wie er sich gefühlt haben muss, als er ihnen sagte, dass Jesus in der Gegend war.

Wir teilen gerne Neuigkeiten mit, die andere begeistern. Es ermutigt uns selbst, wenn andere auferbaut werden.

> Denn aus vielen ... fuhren die unreinen Geister aus ... auch viele Lahme und Krüppel wurden geheilt. So herrschte große Freude in jener Stadt.
>
> Apostelgeschichte 8,7-8

Wir wollen anderen weitersagen, was uns geholfen hat, um sie von ihrem Kummer zu erlösen oder zumindest, um ihn zu mildern. Die Vorstellung ist unwiderstehlich, an der Veränderung eines Menschenlebens teilhaben zu können. Wir sind nicht damit zufrieden, Zeit mit Smalltalk und Geklatsche über das Wetter, Gartenpflanzen oder Kuchenbacken zu verlieren. Wir wollen Menschen Substanz bieten. Dies ist Teil unseres Verlangens, einen bleibenden Eindruck zu hinterlassen.

GOTTES BERUFUNG, EINFLUSS AUSZUÜBEN

Einfluss ist etwas, was schwer zu erfassen ist. Die meisten Menschen unterschätzen bei weitem, wie viel Einfluss sie haben. Sie sind davon überzeugt, dass niemand auf sie hört und niemand auf sie schaut, und dass sich auch niemand an das erinnern wird, was sie gesagt oder getan haben. Einfluss kann man schwer messen, aber die Auswirkungen davon kann man auf vielerlei Weise erkennen. Wenn man Einfluss am Stimmvolumen messen könnte, dann wäre ein Rockstar einer der einflussreichsten Menschen auf Erden. Wenn Einfluss anhand von Eifer gemessen würde, dann wäre die einflussreichste Person auf dem Planeten ein junger Moslem mit einer Bombe in seinem Rucksack. Diese beiden Personen versetzen Millionen von Menschen in Begeisterung, bzw. in Angst und Schrecken, aber keiner hat wirklich einen bleibenden Einfluss. Sie tauchen im Meer der Zeit auf, aber sie schaffen keinen Strom, der Menschen verändert oder etwas Langfristiges bewegt. Ein Mensch, der wirklich einflussreich ist, hat die Fähigkeit, langfristige Entscheidungen und die Lebensqualität von anderen zu beeinflussen. Dieser Mensch hat die Kapazität, bleibende Veränderung in den Herzen und dem

Handeln von Menschen zu bewirken. Nur Gott hat alle notwendigen Informationen, um die wahre Bedeutsamkeit und den echten Einfluss unseres Lebens zu messen.

Während wir *Einfluss* rechtmäßig mit *Macht auf Erden* verknüpfen, sieht Einfluss im Königreich Gottes ganz anders aus. Es sind oft die aufbauenden Worte, die wir für einen gestressten Kollegen haben. Es ist ein Blick der Anerkennung oder ein Wort der Wertschätzung gegenüber einem eifrigen Kind oder Freund. Die Kraft liegt nicht in der Lautstärke oder der Schockwirkung, sondern in Beständigkeit und Aufrichtigkeit. Wenn wir jemanden danach fragen, wer den größten Einfluss oder die nachhaltigste Wirkung in seinem Leben hinterlassen hat, dann erzählt er uns meist von jemandem, den er über eine längere Zeit beobachten konnte. Wir werden zwar zeitweilig von einer charismatischen Bühnenpräsenz oder einem Star vom Hocker gerissen, aber im tiefsten Innersten hinterlassen nur die Menschen eine nachhaltige Wirkung in unserem Leben, die ihre Hingabe mit täglicher Beständigkeit gelebt haben. Diese Art des Lebens wird von Gott wertgeschätzt. Man nennt dies auch Treue; und sie geht aus Sanftmut hervor. Gott sieht, schätzt, kennt und belohnt die Werke der Liebe, die wir für andere aus Liebe zu Ihm getan haben. Er verheißt uns, dass Er jedes Wort und jede Tat im Dienst für andere um Seines Namens willen bewahrt.

> Denn Gott ist nicht ungerecht, euer Tun zu vergessen und die Liebe, die ihr seinem Namen bewiesen habt, indem ihr den Heiligen gedient habt und noch dient.
>
> Hebräer 6,10

> Und wer einem von diesen Kleinen auch nur einen Becher frisches Wasser zu trinken gibt, weil es ein Jünger ist, wahrlich, ich sage euch: es wird ihm nicht unbelohnt bleiben.
>
> Matthäus 10,42

Wenn wir unser Geld dazu verwenden, um Taten der Barmherzigkeit zu tun, werden diese Taten nicht vergessen sein und eine ewige Bedeutung für die Beziehungen im zukünftigen Zeitalter haben. Jesus sagt sogar, dass wenn wir Menschen in diesem Leben Geld geben und ihnen im nächsten Leben begegnen, sie sich an unsere Opfergaben erinnern werden.

> Ich sage euch: Macht euch Freunde mit Hilfe des ungerechten Mammons, damit ihr in die ewigen Wohnungen aufgenommen werdet, wenn es (mit euch) zu Ende geht.
> Lukas 16,9

DAS WESEN VON NACHHALTIGER WIRKUNG

Billy Graham ist einer der einflussreichsten Christen der letzten hundert Jahre. Er hat zahllose Sportstadien mit seinen Veranstaltungen gefüllt. Millionen von Menschen haben seine einfache Auslegung des Evangeliums gehört und viele haben auf die Botschaft geantwortet und ihr Leben Christus gegeben. In den vergangenen Jahren hat seine Gesundheit sein öffentliches Auftreten bedeutend eingeschränkt und seine Predigten deutlich verkürzt. Aber der Inhalt hat sich in keiner Weise verändert. Jeder, der zu einer Billy-Graham-Veranstaltung geht, kann mit Einem rechnen – einer klaren Verkündigung des Evangeliums von Jesus und einer Möglichkeit, seine Sünde zu bekennen und Ihn als Herrn und Retter anzunehmen.

Das letzte Mal als ich Billy Graham sah, war bei seiner evangelistischen Veranstaltung, die 2005 in einem Stadion in Kansas City stattfand. Ich habe Billy Graham mit großer Bewunderung und mit Respekt über 30 Jahre lang beobachtet. Seit ich ihn 1972 zum ersten Mal hörte, ist er seiner Botschaft treu geblieben und ist ein Bild für Beständigkeit was die Verkündigung der Wahrheit von Jesus betrifft. Nach Jahrzehnten seines weltweiten Dienstes stellen sich die Menschen zwei Fragen, wenn er das Podium betritt. «Ist das seine letzte Veranstaltung?» und «Wer wird in seine Fußstapfen treten?»

Die Frage: «Wer wird der nächste Billy Graham sein?» spricht Bände über unsere Vorstellung von Einfluss. Wir sprechen es vielleicht nicht aus, aber viele Christen denken, dass die großen Menschenmassen hauptsächlich durch evangelistische Großveranstaltungen in Stadien gerettet werden. Wenn wir Evangelisation jedoch im Gesamten betrachten, dann sehen wir, dass nur ein geringer Prozentssatz an Evangelisation in Großveranstaltungen geschieht. Damit will ich nicht sagen, dass dies kein wichtiger Dienst sei. Im Gegenteil, es ist ein wunderbares Beispiel dafür, wie Gott eine Partnerschaft mit einer Person eingeht, um viele Menschen zu erreichen. Mit hoher Wahrscheinlichkeit jedoch bekehren sich mehr Menschen bei einem Grillfest mit Nachbarn, beim Mittagessen oder am Arbeitsplatz, als bei großen Evangelisationsveranstaltungen. In diesem kleinen Rahmen werden sie auch viel besser in die Nachfolge gerufen, denn Jüngerschaft geschieht durch einfache, kleine und tägliche Begegnungen mit anderen Christen. Das Christentum war nicht als eine Veranstaltung im großen Stil gedacht, die von einer Konklave von Leitern initiiert wird. Vielleicht wird es nie wieder einen Billy Graham geben, aber es wird auch kein anderes Du geben, und beide – Billy Graham und du – ihr seid von Gott dazu berufen, dort Einfluss auszuüben, wohin ihr gestellt seid.

Jesus hat einen Standard gesetzt, an dem unsere Wirkung gemessen und unsere Größe belohnt wird: in Sanftmut dienen. Das ist etwas, was jeder kann. Das Königreich Jesu operiert auf dieser Basis und breitet sich so aus. Sein Königreich wird durch diejenigen vorangebracht, die sich uneingeschränkt dem Dienen verpflichten. Ja, das erste Gebot lautet, Ihn von ganzem Herzen zu lieben, aber das zweite Gebot ist, unsere Nächsten mit der gleichen vergebenden, selbstlosen Liebe zu lieben, mit der wir uns lieben. Dienen ist der Maßstab, an dem unser Einfluss gemessen wird! Wir brauchen nicht zwischen dem Ausüben von Einfluss in diesem Leben oder der Qualität unseres zukünftigen Lebens zu wählen. Wir können beides haben, und wir *sollen* es auch.

EINFLUSS IN DIESEM ZEITALTER

In den frühen achtziger Jahren hat ein gewisser Mann in Cincinnati (USA) eine Gemeinde gegründet. In den ersten Jahren fuhr er tagsüber einen Schulbus und traf sich am Abend mit anderen, um mit ihnen seine Vision für eine Gemeinde zu teilen. Er hat früh erkannt, dass er kein Billy Graham war. Aber er wusste auch, dass Gott nicht spezifisch Billy Graham dazu berufen hat, Cincinnati zu erreichen – sondern ihn selber. Eines Tages, während er in der Schlange vor einem Taco-Bell-Restaurant wartete, um bedient zu werden, hatte er den Eindruck, dass Gott zu ihm sagt: «Wenn du die Menschen nimmst, die sonst niemand will, werde ich dir Tausende von ihnen geben.»

Zusammen mit etwa fünfzig Leuten aus seiner ums Überleben kämpfenden Gemeinde hatte er den Eindruck, dass Gott sie dazu berief, den Armen von Cincinnati zu dienen und die Menschen durch Taten der Barmherzigkeit zu erreichen. Er wurde nicht gebeten, in einem Stadion zu predigen, aber er übte beständige Treue in den einfachen und kleinen Diensten an anderen. Aus einem aufrichtigen Verlangen, einen bleibenden Einfluss auf die Stadt Cincinnati auszuüben, suchte er nach praktischen Möglichkeiten, die Liebe Gottes weiterzugeben. Zwanzig Jahre später zählt die Gemeinde sechstausend Menschen. Am Eingang des Gebäudes steht in großen Buchstaben die Inschrift:

Kleine Taten aus großer Liebe verändern die Welt

EINFLUSS IM NÄCHSTEN ZEITALTER

Es ist ein großartiges Ziel, Menschenleben beeinflussen zu wollen, aber es ist nicht alles. Viele Menschen finden rechtmäßige Erfüllung im Dienen an anderen, aber wir wollen ebenso, dass unser Leben auch in der Ewigkeit zählt. Glücklicherweise liegt da das größte Potential. Viele Christen trennen ihre Taten in diesem Leben von deren Einfluss auf das nächste. Die Wiederkunft Jesu ist oft als kosmischer Löschknopf dargestellt worden, der gedrückt wird und bewirkt, dass von dem Moment an nichts mehr von dem hiesigen Leben zählt und alles Irdische gelöscht wird. Viele gut meinende Christen haben eine Trennungslinie gezogen zwischen diesem zeitlich begrenzten Leben und der Fülle, in der wir im zukünftigen Zeitalter auf Erden wandeln werden.

Die Heilige Schrift macht jedoch deutlich, dass es eine Kontinuität zwischen diesen beiden Zeitabschnitten gibt. Deshalb ist das, was wir *jetzt* tun, bedeutsam für das nächste Zeitalter. Wenn es keinen Zusammenhang zwischen den beiden Realitäten gäbe, wäre unser Leben hier umsonst. Aber das ist nicht der Fall. Wir bauen an Beziehungen, schärfen unsere Fähigkeiten und arbeiten an unserem Charakter auf vielfältige praktische Weise, was einen großen Unterschied in der Ewigkeit machen wird. Wenn wir unser Leben in diesem Zeitalter gestalten, müssen wir im Hinterkopf behalten, dass die kleinen Dinge, die wir im Gehorsam und in Sanftmut hier und jetzt tun, in Größe und Einfluss im zukünftigen Zeitalter münden. Ein göttlicher Austausch findet in unserem Leben statt. Viele werden erleben, dass die Königreiche, die sie in diesem Leben gebaut haben, von ihnen genommen werden, während diejenigen, die sanftmütige Herzen in ihrem irdischen Leben kultiviert haben, große Autorität und Ehre empfangen werden.

> Da fing Petrus an und sprach zu ihm: «Siehe, wir haben alles verlassen und sind dir nachgefolgt; was wird uns dafür gegeben?» Jesus aber sprach zu ihnen: «Wahrlich, ich sage euch: Wenn die Welt neu geschaffen wird und der Menschensohn sich auf den Thron der Herrlichkeit setzt, werdet ihr, die ihr mir nachgefolgt seid, auf zwölf Thronen sitzen und die zwölf Stämme Israels richten. Und wer Häuser oder Brüder oder Schwestern oder Vater oder Mutter oder Kinder oder Äcker verlässt um meines Namens willen, der wirds hundertfach empfangen und das ewige Leben ererben. Aber viele, die die Ersten sind, werden die Letzten und die Letzten werden die Ersten sein.»
>
> Matthäus 19,27-30

Gläubige haben die wunderbare Möglichkeit, eine tiefe und nachhaltige Wirkung in diesem und im nächsten Leben zu erzielen. In der Bergpredigt (Matthäus 5-7) lehrt uns Jesus, unsere Feinde zu segnen, zu fasten, zu beten und anderen zu dienen. Diese Haltungen werden in unserer gegenwärtigen Zeit oft verpönt, aber sie beeinflussen die Größe unserer ewigen Berufung. Wenn der Herr wiederkommt, wird Er Gerechtigkeit auf der ganzen Welt schaffen (Jesaja 2,1-4; 9,6-7; 11,1-16). Bevor Er kommt, wird es jedoch eine weltweite Erweckung geben, die Gerechtigkeit auf vielen Ebenen in der Gesellschaft aufrichten wird. Wir bemühen uns heute in dem Wissen, dass einige unserer Werke Gerechtigkeit auf dieser Erde aufrichten und dazu beitragen werden, den Verführungen des Bösen standzuhalten, selbst dem Terror des Antichristen und seiner Gewaltherrschaft.

Es wird eine Kontinuität unserer Werke geben: Fasten, Gebet und Taten der Barmherzigkeit werden nicht verschwinden, wenn Er wiederkommt. Die Gebete, die wir für unsere Heimatstadt gebetet haben, werden nicht plötzlich nichtig, wenn der Herr wiederkommt. Sie werden sogar zu einer noch größeren Realität! Das Land, das wir mit Gerechtigkeit in unserer Gesellschaft einnehmen, wird als Ausgangspunkt für die Herrschaft Jesu in unserer Stadt dienen, wenn Er wiederkommt. Manche Menschen sind der Meinung, dass das Studium der Endzeit Christen von ihren jetzigen Aufgaben ablenke – aber nichts ist weiter von der Wahrheit entfernt. Unser fester Glaube an die Wiederkunft des Herrn darf nicht dazu führen, unsere Verantwortung für das Streben nach Veränderung in unserer Gesellschaft abzulegen. Das Gegenteil muss der Fall sein: Weil Er wiederkommt, arbeiten wir daran, Veränderung in unsere Gesellschaft zu bringen. Wir arbeiten um der Gerechtigkeit willen, denn wir verstehen die Bedeutung Seiner bevorstehenden Wiederkunft. Er wird exakt das weiterführen, was Er durch Seine Gemeinde vor Seinem Kommen aufgerichtet hat.

Wir müssen die letztendliche Bedeutung unserer Taten verstehen. Wenn wir eine kleine Gruppe von Fürbittern leiten, dann bereitet unsere Fürbitte den Boden für ein Königreich vor, das tausend Jahre bestehen wird. Einige der Kinder, die wir sonntagsmorgens unterweisen, werden vielleicht zu großen Männern und Frauen Gottes, die große Beute für das Königreich Gottes machen. Die Demut, mit der wir uns in diesem Leben bemühen und gute Werke verrichten, wird dazu beitragen, unsere Rolle im Tausendjährigen Reich und im Ewigen Zeitalter zu definieren.

MIT DEM VERLANGEN NACH BEDEUTSAMKEIT LEBEN

Zu lange hat der Feind unser Verlangen nach Bedeutsamkeit als Munition gegen uns verwendet. «Du willst nur gesehen werden», lautet seine Anklage. «Du willst dir nur einen guten Ruf verschaffen und von anderen angesehen werden.» Wie die meisten Lügen treffen uns diese Anklagen mitten ins Herz, weil sie ein Körnchen Wahrheit enthalten. Jeder von uns hat damit zu kämpfen, wenn auch auf unterschiedliche Weise. Jeder von uns hat zwiespältige Gefühle bezüglich dieses Verlangens erlebt. Oft haben wir diesen Zwiespalt jedoch nicht zur Sprache gebracht, aus Angst, missverstanden oder kritisiert zu werden. Wir haben gelernt, diese Gedanken und Sehnsüchte für uns zu behalten, und manche von uns versuchen, sie ganz zu unterdrücken.

Glücklicherweise jedoch weiß der Herr, wozu wir geschaffen wurden. Er hat die Ewige Geschichte niedergeschrieben, für die Menschen benötigt werden, die große Dinge tun. Und deshalb hat Er diese Sehnsucht nach Bedeutsamkeit in uns hineingelegt. Der Heilige Geist bestätigt in uns das Verlangen, Dinge tun zu wollen, die in Gottes Augen große Bedeutung haben. Große Dinge können von denen vollbracht werden, die Gott von ganzem Herzen lieben.

Der achte September 1941 war ein Tag, der den Lebenskurs von fast drei Millionen Menschen bestimmte. Es war der Tag, an dem Hitlers Truppen in Leningrad einfielen, um so Russland einzunehmen. Während Leningrad von den Deutschen Truppen umlagert und bombardiert wurde, kauerten sich die Menschen der historischen Stadt zusammen und warteten darauf, dass alles bald vorbei sein würde. Viele fragten sich, wie lange die Stadt die Angriffe des Feindes wohl überstehen könnte. Wie lange würde es noch dauern – Wochen, Monate? Obwohl viele die Befürchtung hatten, konnten an jenem Tage nur wenige ahnen, dass sie fast zweieinhalb Jahre lang unter der schweren Hand der Nazis würden zu leiden haben.

Die Reserven an Öl und Nahrungsmitteln in der Stadt würden spätestens innerhalb der nächsten zwei Monaten aufgebraucht sein. Das Leben wurde zum Überlebenskampf. Der öffentliche Verkehr wurde stillgelegt, das Essen rationiert. Im ersten Winter gab es kein Heizöl, kein Wasser und nur sehr wenig Nahrungsmittel. Mehrere hunderttausend Menschen wurden evakuiert, doch über 640.000 starben unterwegs beim Überqueren eines zugefrorenen Sees. Bis die Belagerung im Januar 1944 zu Ende ging, stellte Leningrad ein Bild von gequälten Menschen dar, die auf einen Befreier hofften, der in Form einer sowjetischen Gegenoffensive kommen sollte.

Als ich von der Belagerung Leningrads las, erinnerte mich dieses Bild an die Art und Weise, wie viele Menschen ihr Christenleben sehen. Menschenleben, die von Freude und Freiheit gekennzeichnet sein sollten, sind voll von Problemen und Schmerzen. Viele Christen haben eine Mentalität, die der Belagerung durch einen Feind gleicht. Wir schwören, dem Feind niemals nachzugeben, aber wir leiden furchtbar, weil unsere Grundbedürfnisse und unser Verlangen ungestillt bleiben. So wie es Leningrad an Nahrungsmitteln und Strom fehlte, so fehlt es unseren Seelen an Erfüllung. Wir sehen den Feind als einen, der uns unserer Erfüllung berauben kann. Mit dieser Einstellung werden wir wie Seelen, die belagert sind.

Wenn du etwas von diesem Buch behältst, dann lass es dies sein: Das Leben in Christus war niemals dazu gedacht, wie eine belagerte Seele gelebt zu werden. Es ist nicht ein Leben, bei dem man gerade so überlebt und versucht, bis zum Schluss durchzuhalten. Wir freuen uns auf die Wiederkunft Christi, aber wir leben auch in der Wahrheit, dass Er lebt und dass Sein Geist hier und jetzt und hier in uns ist. Es gibt einen Strom von höheren Freuden, der eine Quelle des Lebens in unserem Inneren ist, wenn wir ihn bejahen und von ihm begierig trinken.

Gott hat Gefallen daran, unsere Herzen zu faszinieren und zu beflügeln. Wir brauchen keine langweiligen Leben zu führen. Jeder Tag ist mit neuen Entdeckungen gefüllt. Wir leben nicht unter Belagerung. Wir können siegreich sein. Unser Sieg ist spürbar, wenn Gott den Sehnsüchten unserer Herzen schon hier und jetzt begegnet. Er hat die Liebesgeschichte aller Zeiten geschrieben und den perfekten Kontext ausgewählt, in dem Sehnsucht und Erfüllung in einem wunderbaren Tanz verschmelzen. Größe, Innige Nähe ohne Scham, das Potential zu nachhaltiger Bedeutsamkeit und all die anderen Sehnsüchte sind gottgegebenes Eigentum unseres Herzens, und liegen nicht auf dem Territorium der Mächte der Finsternis. Gewiss, wir haben einen echten Feind und wir stehen in einem echten geistlichen Kampf, aber unser Feldherr ist mehr als fähig, uns zu versorgen und unseren Seelen Erfüllung zu geben.

Gott hat nicht nur den Plan für uns, den Feind zu überwinden. Er hat auch den Wunsch, unsere Herzen mit Seiner Liebe in der Gegenwart des Feindes zu beflügeln (Psalm 23,5). Die meisten Menschen wenden sich Gott zu als Notlösung. Sie tun, was sie nur können, um die Sehnsüchte ihres Herzens mit Unterhaltung, Reichtum oder Beziehungen zu anderen zerbrochenen Menschen zu füllen, nur um letztendlich herauszufinden, dass diese Dinge eine noch größere Leere hinterlassen. Irgendwann fällt das Gerüst zusammen, das sie aufgebaut haben, um ihre Seelen aufrecht zu erhalten. Aber dann begegnet ihnen Gott in ihrer Leere. Anfangs können ihre kalten Herzen gar nicht darauf reagieren, aber wenn das Feuer Seiner Liebe ihre Herzen erwärmt und erweicht hat, geschehen Wunder. Leben kommt hervor. Ein Herzschlag ist spürbar. Vielleicht ist er noch ganz schwach am Anfang, aber er wächst in Stärke und Zielgerichtetheit. Nach einer Weile finden sie sich vor Gott wieder und sind weitaus mehr fasziniert von der reinen Liebe und Wahrheit als sie es zuvor durch Scheinerfüllungen waren.

Seit mehr als acht Jahren habe ich nun das Vorrecht, das *International House of Prayer* mit Deborah und anderen in meinem Leitungsteam zu leiten. Sogar während ich dies schreibe, erklingt vom Gebetsraum her Anbetung und Fürbitte. Unsere schwachen Gebete steigen zum Vater auf und vermengen sich mit den Gebeten der Heiligen auf der ganzen Welt und durch die gesamte Kirchengeschichte hindurch. Alle zwei Stunden löst ein Anbetungsteam das andere ab. Man hat uns gewarnt, dass junge Leute das nicht tun würden, und wenn sie sich tatsächlich dazu bereit erklärten, dann kämen sie ihrem Wort nicht nach. Sieben Jahre später sind es jedoch immer noch junge Leute, die den Dienst im Gebetsraum leiten. Das Durchschnittsalter im Gebetsraum ist nicht selten um die zwanzig Jahre.

Es ist ein unglaublicher Segen, an der Seite von jungen und alten, verheirateten und unverheirateten Menschen dienen zu können. Sie alle haben ihr Leben völlig verändert, um Teil eines fortwährenden Dienstes zu sein. Sie sorgen selbst für ihr finanzielles Auskommen als Fürbitte-Missionare. Mehrere Hundert sind Studenten an der Forerunner School of Ministry, unserer Vollzeit-Bibelschule, bei der wir anstreben, theologische Ausbildung im Kontext von Tag-und-Nacht-Gebet neu zu definieren. Weitere Hunderte junger Menschen nehmen sechs Monate lang eine Auszeit, um in einem Praktikum an unserem Dienst teilzunehmen. Sie kommen aus allen Staaten Amerikas, aus allen Ländern der Welt und aus den unterschiedlichsten Lebenssituationen. Aber sie haben eines gemeinsam: Sie sind alle auf dem Weg, in Gott und von Gott erfüllt zu werden.

Wenn ich sage, dass sie auf diesem Weg sind, dann bedeutet dies jedoch nicht, dass es keine Zeiten der Leere, unerfüllter Sehnsüchte oder emotionaler Bedürfnisse gäbe. Wie jeder haben auch sie Probleme in Beziehungen oder haben Bedürfnisse, die nicht gestillt sind, aber sie haben etwas herausgefunden, was die meisten Menschen niemals erkennen. Indem sie sich von der materialistischen und nach Unterhaltung süchtigen Kultur distanziert haben, durften sie die Erfahrung machen, dass die Sehnsüchte ihres Herzens wirklich nur in ihrer Beziehung zu Gott gestillt werden können. Zum Glück ist diese Erfüllung keineswegs IHOP-Mitarbeitern oder denen vorbehalten, die ans andere Ende der Welt nach Kansas City ziehen, um Teil des 24/7-Gebets zu sein. Diese Erfüllung haben Millionen von anderen Gläubigen auf der Welt und durch die Geschichte hindurch gefunden.

Vielleicht bist du schon früh in deinem Wandel mit dem Herrn zu dieser Erkenntnis gelangt, oder vielleicht bist du auch erst nach einem Leben voller Schmerz über diese Wahrheit gestolpert. Egal, wann du zu diesem Schluss gekommen bist, du wirst das finden, wonach du suchst, wenn du erkennst, dass Gott diese Sehnsüchte in dein Herz gelegt hat und dass dieser Hunger ein Geschenk Gottes ist, um dich zu Ihm zu ziehen. Es ist ein heiliges Verlangen mit einer heiligen Erfüllung. Alles, was du wirklich brauchst und willst, findest du in Ihm.

Hast du die Sehnsüchte deines Herzens mit billigen Imitationen zu stillen versucht? Hat dich dein Verlangen nach Größe zu jahrelangem selbstsüchtigen Handeln verleitet? Hat dich deine Sehnsucht nach Nähe in ein Verhaltensmuster getrieben, das in Scham endet? Hast du deine Seele zu billig und zu oft verkauft? Die Tatsache, dass du deine Sehnsüchte stillen willst, deutet darauf hin, dass ich die Wahrheit sage. Niemand hungert oder sehnt sich nach etwas, was nicht existiert. Dein Versagen in der Vergangenheit mag real sein, aber die gute Nachricht ist, dass die Gegenwart radikal verändert werden und deine Zukunft wunderbar sein kann, wenn du Erfüllung in Jesus suchst und findest. Und sie kann gefunden werden, wenn du dein Herz fortwährend vor Ihn bringst und Ihn bittest, dir Sein Herz zu offenbaren. Auf diese Weise werden deine Sehnsüchte nach und nach gestillt.

Vielleicht hast du dich von dem eindeutig sündhaften Verhalten der breiten Masse ferngehalten, aber im Inneren bist du genauso leer und unerfüllt wie sie. Während der Belagerung Leningrads litten genauso viele Menschen unter Langeweile wie unter Hunger. Diese Langeweile führte zu Depression. Aus einer Woche wurde ein Monat und schließlich Jahre, ohne das kleinste Anzeichen, dass Freiheit in Sicht war. Diejenigen, die nur über den Rand schauen, um zu sehen, was Gott von ihnen will, fordere ich auf, sich ganz hinzugeben und bewusst die Fülle in Ihm zu suchen. Wenn wir uns dem Vater nahen, werden diese Sehnsüchte geweckt, damit Er sie erfüllen kann. Gottes grosser Plan sieht vor, dass dich dein eigenes Verlangen zu Ihm führen wird. Alles, was Er in dich hineingelegt hat, ist dazu da, dich in die innigste, tiefste und erfüllendste Beziehung zu Ihm zu bringen. Auch wenn wir in unserem Streben nach Ihm Zeiten von Frustration und Schmerz erleben, so ist dies doch eine heilige Frustration und Gott wird dir dort begegnen, denn schließlich ist Gottes Ebenbild in deine Seele eingebrannt.

Deine Sehnsüchte sind genau das, was dich zum Göttlichen führen wird, wenn du es zulässt. Jede dieser Sehnsüchte sind wie ein gewaltiger Fluss, der in den großen Ozean von Gottes leidenschaftlicher Liebe mündet. Es gibt nichts wunderbareres, als wenn sich all deine Sehnsüchte in einem heiligen, tobenden Strom des Verlangens vereinen, der dich zu Gott hintreibt. Ich erinnere mich noch daran, als ich gerade anfing diese Erfahrung in meinem Leben zu machen. Ich war weder auf der Suche nach Freunden, Unterhaltung oder etwas zu Essen, um die quälenden Sehnsüchte meines Herzens zu stillen. Ich war auf der Suche nach Gott. Auch wenn der Schmerz oft sehr weh tat, erinnere ich mich noch genau daran, dass ich dann dachte: «Genau dafür bin ich geschaffen. Ich wurde für die Liebe geschaffen. Ich wurde für Gott geschaffen.» Schmerzliches Verlangen ist wunderbar. Es ist eine Gabe, denn es ist ein Ausdruck unserer Sehnsucht nach Gott. Ich wusste, dass Gott Seine Freude an mir hatte und dass es nur eine Frage der Zeit wäre, bis Er mir antworten würde. Ich hatte das Gefühl, dass ich wirklich das lebte, wozu ich geschaffen wurde. Auch in der Zeit des Wartens auf die Erfüllung nahm mein Geist die richtige Haltung ein, mein Herz war lebendig und ich hatte einen Blick für die Ewigkeit.

Vor kurzem ermutigte eine Mitarbeiterin im IHOP einen Leiter mit folgenden Worten: «Deine Sehnsucht wird dein Kompass sein, bis Jesus wiederkommt.» Mit diesem Gedanken im Hinterkopf nimm deine Bibel, komm zur Ruhe vor Gott, richte deinen Kompass aus und beginne die Reise mit den ewigen Sehnsüchten deines Herzens. Du wurdest geschaffen, um zu verlangen. Du wurdest für Gott geschaffen. Er *wird* antworten.

Weiterführende Informationen findet man unter
www.inspired-media.com

ÜBER DIE AUTOREN

MIKE BICKLE

Mike Bickle ist Direktor des International House of Prayer in Kansas City, (IHOP-KC), einem Dienst der »Anbetung und Fürbitte» im Geist der Hütte Davids, der rund um die Uhr praktiziert wird. Seit dem 19. September 1999 wird 365 Tage pro Jahr rund um die Uhr Fürbitte mit Teams von Anbetung und Fasten gelebt. Momentan dienen 600 Leute als Vollzeit-Mitarbeiter im IHOP-KC Team und dienen in Fürbitte, Anbetung und Fasten, während sie ausgerüstet werden, den Missionsbefehl durch Einsätze von Evangelisation, prophetischem Dienst, Krankenheilung und Unterstützung der Armen zu erfüllen. Mike ist auch Vorsitzender der Forerunner School of Ministry (FSM, Vorläuferschule des Dienstes), einer Vollzeit Bibelschule in Kansas City. Die Lehre von Mike betont, wie wir in der Leidenschaft für Jesus durch die innige Beziehung zu ihm wachsen können.

DEBORAH HIEBERT

Deborah Hiebert lebt in Kansas City, Missouri (USA), wo sie und ihr Ehemann, Murray, als Teil der Leiterschaft des International House of Prayer (IHOP-KC) dienen.

Deborah lebt in der Leidenschaft, die Botschaft der innigen Nähe zu unserem lebendigen Gott, wie auch der Dringlichkeit der Stunde zu verkünden. Dabei hat sie die Jugendlichen dieser Generation im Auge, welche innerhalb und ausserhalb der Kirchen leben. Sie möchte, dass die Menschen eine Ewigkeitsperspektive bekommen und verstehen – dieses Leben ist nur ein flüchtiger Moment – und dadurch eine Sicht bekommen, wie denn wir gerade jetzt leben sollen.

INTERNATIONAL HOUSE OF PRAYER IHOP

«...: denn mein Haus wird ein Bethaus genannt werden für alle Völker.»
Jesaja 56,7

Am 19. September 1999 begann in Kansas City, USA, eine Anbetungs und Fürbitteversammlung, die bis zum heutigen Tag anhält. Seit über sechs Jahren wird dort nun Lobpreis und Gebet rund um die Uhr praktiziert. Das Inter national House of Prayer ist ein überkonfessioneller Gebetsdienst, der 24 Stunden am Tag dem Leib Christi in Kansas City und der Umgebung dient. Der Dienst ist nach der Stiftshütte Davids aufgebaut (1. Chr. 13-16; 23-25) und konzentriert sich auf die «Gebetsseite» des großen Missionsbefehls Jesu. Er basiert auf der Tatsache, dass Anbetung, Musik und Fürbitte im Himmel am Thron Gottes zusammenfließen (Offb. 4-5). Die Schrift prophezeit, dass Gott die Stiftshütte wieder neu aufrichten wird in Zusammenhang mit der großen Ernte, die am Ende der Tage eingefahren werden wird (Apg 15,16; Amos 9,11). Dies deutet auf eine weltweite «Fürbitte-Anbetungs»-Bewegung hin, die in der Generation, in der der Herr wiederkommt, in vollem Gange sein wird. Überzeugt davon, dass Jesus einer unaufhörlichen Anbetung würdig ist, geben Männer und Frauen jeden Alters und von überall auf der Welt sich dieser verschwenderischen Liebe durch das 24/7- Gebet hin.

Das IHOP Missionszentrum ist folgenden Punkten hingegeben:

- **Gebet**
  Innige Beziehung mit Jesus, Anbetung, Fürbitte, Heilung, Prophetie
- **Fasten**
  Im Geist von Joel 2, 365 Tage pro Jahr abdeckend
- **Missionsbefehl**
  Jesus und sein Königreich allen Nationen verkünden
- **Geist der Vorläufer**
  Die Gemeinde für die Endzeit zur siegreichen Braut vorbereiten

Mehr Informationen zum International House of Prayer auf:
www.ihop.org

SEINE LIEBE ZUR BRAUT

Vollmacht im Gebet durch innige Beziehung mit Jesus

Von Gary Wiens

Seine Liebe zur Braut ist die ergreifende Botschaft von der leidenschaftlichen Liebe Gottes für uns – die Braut seines Sohnes.

Gary Wiens zeigt uns auf, wie gerade diese Wahrheit uns von einem leistungsorientierten und angsterfüllten Christsein befreit und uns zu einer innigen Gemeinschaft mit dem lebendigen Gott finden lässt. Dabei geht der Autor vor allem auf den Stellenwert der Nähe zu Gott im Gebet ein. Gebet war von Gott nie als Pflichtübung gedacht, sondern als ein verborgener Ort der Herzensnähe, an dem zwei Liebende zu einer innigen Gemeinschaft finden.

290 Seiten, Paperback, ISBN 978-3-9523000-0-8

Das Buch erhalten Sie in Ihrer Buchhandlung oder online unter www.inspired-media.com

inspiredmedia

SEINE VERBORGENE NÄHE

Unsere Reise in die Tiefen des Herzen Gottes

Von Dana Chandler

Wie schaffen wir es, trotz unseren eigenen Schwachheiten im Strom der Liebe Gottes zu bleiben? Dieses Buch handelt von der Reise des menschlichen Herzens in die gewaltigen und wunderbaren Tiefen des Herzen Gottes. Eine sehr ermutigende und tiefgreifende Botschaft, die eine neue Perspektive für scheinbar sinnlose Zeiten der Dürre eröffnet und uns in die Tiefen der Liebe Gottes führt.

MUSIK-CD zum Buch

Für diese Musik-CD haben sich die besten Künstler vom International House of Prayer von Dana Candlers gleichnamigen Buch inspirieren lassen und zu jedem Kapitel ein Titel komponiert. Eine faszinierende musikalische Reise mit kontemplativer Anbetungsmusik, deren zumeist instrumentale Klänge und unterschiedliche Stilrichtungen den Hörer in die Tiefen der Gegenwart Gottes führen.

Buch: 218 Seiten, Paperback, ISBN 978-3-9523000-1-5
CD: 13 Titel, 68 Minuten, Bestell-Nr: 6910107

Das Buch, die Musik-CD oder beides als Set, erhalten Sie in Ihrer Buchhandlung oder online unter www.inspired-media.com

inspiredmedia